LÂCHEZ PAS, LES GARS !

Catalogage avant publication de Bibliothèque et Archives nationales du Québec et Bibliothèque et Archives Canada

Titre : Lâchez pas, les gars !/François Cardinal.

Noms : Cardinal, François, 1974-auteur.

Identifiants : Canadiana 20190023848 | ISBN 9782897058340

Vedettes-matière : RVM : Décrocheurs — Québec (Province)— Études de cas. | RVM : Succès — Québec (Province)— Études de cas. | RVM : Personnalité et succès scolaire — Québec (Province)

Classification : LCC LC145. C3 C37 2019 | CDD 371. 2/9130922714 — dc23

Président : Jean-François Bouchard
Directeur de l'édition : Pierre Cayouette
Directrice administrative : Nancy Lauzon
Responsable, gestion de la production : Emmanuelle Martino
Attachée de presse : Diane Thérien

Éditeur délégué : Pascal Genêt
Conception graphique : Célia Provencher-Galarneau
Montage : Audrey Guardia
Révision linguistique : Fleur Neesham
Correction d'épreuves : Élaine Parisien
Crédits photographiques : Steve Bégin, © Ivanoh Demers, *La Presse* ; Mathieu Cyr, © Audric Gagnon–Penguin ; Guy Ferland, © Martin Tremblay, *La Presse* ; Marc Hervieux, © Andréanne Gauthier ; Claude Laroche, © François Roy, *La Presse* ; Emmanuel Lauzon, © Marï photographe ; Jean-Pierre Léger © Alain Roberge, *La Presse ;* Marc Séguin, © Hugo-Sébastien Aubert, *La Presse* ; Alexandre Taillefer, © David Boily, *La Presse* ; Fabrice Vil © Alain Wong ; Stanley Vollant, © Olivier Pontbriand, *La Presse.*

L'éditeur bénéficie du soutien de la Société de développement des entreprises culturelles du Québec (SODEC) pour son programme d'édition et pour ses activités de promotion.

L'éditeur remercie le gouvernement du Québec de l'aide financière accordée à l'édition de cet ouvrage par l'entremise du Programme de crédit d'impôt pour l'édition de livres, administré par la SODEC.

Nous reconnaissons l'aide financière du gouvernement du Canada par l'entremise du Fonds du livre du Canada (FLC).

Dépôt légal — 3e trimestre 2019
ISBN 978-2-89705-834-0
Imprimé et relié au Canada
Premier tirage : août 2019

LES ÉDITIONS **LA PRESSE**
Les Éditions La Presse
750, boul. Saint-Laurent
Montréal (Québec)
H2Y 2Z4

Sous la direction de
François Cardinal

LÂCHEZ PAS, LES GARS !

D'ANCIENS CANCRES TÉMOIGNENT

Steve Bégin
Mathieu Cyr
Guy Ferland
Marc Hervieux
Claude Laroche
Emmanuel Lauzon
Jean-Pierre Léger
Pierre-Luc Quimper
Marc Séguin
Alexandre Taillefer
Dr Stanley Vollant

LES ÉDITIONS **LA PRESSE**

SOMMAIRE

INTRODUCTION

DOUZE CANCRES... UNE LEÇON

FRANÇOIS CARDINAL

Le Québec a un problème avec ses garçons.

À l'école, ils sont nombreux à ne pas trouver leur place, à se sentir largués, à se considérer comme incapables. Et ils sont donc nombreux à aller voir ailleurs s'ils y sont, quitte à décrocher pour de bon.

Bien sûr, on retrouve partout sur la planète des réseaux scolaires où les filles performent mieux que les élèves masculins. Rien de dramatique en soi. Mais le Québec se distingue malheureusement à ce chapitre, avec un écart comme on en voit peu dans le monde.

En fait, ce n'est pas un écart qui existe entre les garçons et les filles au Québec… c'est un canyon !

Prenez, par exemple, les taux de réussite du programme de deuxième cycle du secondaire en cinq ans au Canada. Et comparez la différence entre les deux sexes, comme l'a fait l'Institut du Québec dans une analyse fascinante réalisée en 2018.

D'une province à l'autre, cet écart oscille entre 1 et 5 %.

Au Québec ? La différence est de 14 % ! Vous imaginez !

Plus de 71 % des filles réussissent dans les temps, contre seulement 57 % des garçons…

Pensez-y. C'est à peine plus de la moitié des élèves masculins.

Comment expliquer une telle situation ? Si vous posez la question à des experts, vous obtiendrez autant de réponses qu'il y a de spécialistes. La matière, les méthodes d'apprentissage, le faible nombre d'hommes qui enseignent, le peu de temps accordé aux sports, etc.

Mais peu importe la raison, le constat demeure : le Québec a un problème avec ses garçons, qui sont plus nombreux qu'ailleurs à quitter les bancs d'école sans regarder en arrière, malheureusement.

Je suis un de ces jeunes qui a passé ses années scolaires les yeux rivés sur la porte de la classe avec une seule envie : déguerpir.

Je ne suis pas passé à l'acte, pour toutes sortes de raisons. Je me suis accroché, contre toute attente. Et bien franchement, malgré la douleur ressentie pendant toutes mes années d'école, malgré les difficultés provoquées par ce lourd statut de cancre, il n'y a pas un jour qui passe sans que je m'en félicite.

Voici mon histoire d'ancien cancre. Voici l'histoire de douze anciens cancres qui ont aujourd'hui réussi.

Autant de témoignages différents qui montrent l'importance pour les garçons de ne pas lâcher, et pour les parents, de ne pas désespérer.

BIENVENUE EN CANCRITUDE

→ FRANÇOIS CARDINAL

François Cardinal est un ancien cancre pleinement assumé. Aujourd'hui éditorialiste en chef à *La Presse,* il y dirige également la section « Débats ». Bien qu'il ait trouvé sa voie sur le tard, il est journaliste depuis déjà une vingtaine d'années, ayant travaillé auparavant au *Devoir* et au *Journal de Montréal*. Analyste à l'émission *24/60* à RDI ainsi qu'à la matinale de la Première chaîne de Radio-Canada, il est aussi l'auteur des essais *Le mythe du Québec vert* (Voix parallèles, 2007) et *Perdus sans la nature* (Québec Amérique, 2010), en plus d'avoir dirigé le collectif *Rêver Montréal* et d'avoir cosigné le livre *Et si la beauté rendait heureux* (Éditions La Presse, 2013 ; 2016).

UN CANCRE « AVEC PAS D'AVENIR »

FRANÇOIS CARDINAL

J'étais un cancre avec un « K » majuscule.

Un cancre « avec pas d'avenir ».

Un vrai de vrai cancre, avec profs exaspérés, années redoublées et, surtout, une mère découragée.

Mes années de primaire ? Un supplice. Le secondaire ? Un véritable calvaire.

Comment ai-je pu être si poche, si longtemps ?

C'est une question qu'on me pose souvent quand je raconte mon passé d'élève désespérant. C'est aussi la question que je me suis longtemps posée, et que je me pose encore aujourd'hui. Ce n'est pas comme si j'avais eu de bonnes raisons d'être le dernier de classe, du primaire jusqu'à la fin du secondaire. Je ne souffrais ni de dyslexie ni de dyscalculie ou de dysorthographie. Je n'ai pas été la victime de mauvais profs ou de mauvaises écoles. J'ai toujours fréquenté le privé, de la garderie jusqu'au cégep.

Je n'ai pas non plus été élevé dans un milieu difficile qui ne valorisait pas l'enseignement. Imaginez, j'ai grandi entre de grandes bibliothèques en chêne remplies de livres de la prestigieuse Pléiade. Et mon père a non seulement été doyen de faculté, il a aussi été ministre de l'Éducation…

•••

Bref, je n'ai pas d'excuses. Je ne peux pas jeter le blâme sur qui ou quoi que ce soit.

J'étais poche. Par ma seule unique faute.

J'étais de ces « enfants qui ne deviendront pas », pour reprendre les mots du très beau livre *Chagrin d'école* de Daniel Pennac[1], lui-même ancien cancre devenu professeur, puis brillant et prolifique auteur au succès planétaire. Preuve qu'on peut être quelqu'un, même si notre parcours promettait l'inverse, l'impasse.

Oui, si on creuse un peu mon passé, on réalise que j'ai eu quelques mauvaises expériences scolaires, la pire étant mon passage dans le système français. J'ai fait mon secondaire au Collège Marie-de-France, à Montréal, à l'époque où bien des Français regardaient les Québécois de haut.

Ce fut une épreuve épique, dans un système sévère qui « cassait » les cancres en imposant une hiérarchie rigide aux élèves.

Je n'étais pas turbulent, je ne manquais pas d'attention, je n'étais pas rebelle pour deux sous. Mais j'ai encore souvenir, par exemple, après avoir été expulsé d'un cours d'espagnol, de m'être rendu penaud à la porte de l'autre cour pour me faire dire par la prof qu'elle ne voulait pas « des déchets » de son collègue…

Ou encore de cette enseignante de français qui, à la vue de mes notes qui dépassaient rarement 4 ou 5 sur 20, avait dit

---

1 PENNAC, Daniel, *Chagrin d'école*, Paris, Gallimard, 2007.

de manière catégorique que je n'écrirais jamais de ma vie tant j'étais « nul, nul, archinul »…

Mais soyons honnêtes, je ne peux pas mettre la faute sur un système d'éducation qui datait d'une autre époque, car j'ai eu les mêmes difficultés les années suivantes, dans d'autres écoles, d'autres systèmes.

J'étais tout simplement un cercle qu'on essayait d'insérer dans un système scolaire carré.

•••

Mais pourquoi ? Pourquoi, étais-je si poche, pour reprendre la question de départ ?

Bien honnêtement, je l'ignore.

Je n'ai jamais reçu de diagnostic, pour un trouble ou un autre, étant issu d'une génération qui n'a pas connu les psychologues scolaires, les orthopédagogues et les professionnels de toutes sortes.

Je n'ai jamais fait l'objet de plans d'intervention ou de suivi élaborés par un éducateur spécialisé dans l'espoir de cerner et d'éradiquer le mal avant qu'il ne soit trop tard.

Je n'ai pas essayé l'école alternative ou les établissements à projet particulier afin de voir si le sport ou des méthodes pédagogiques différentes auraient pu venir à bout de mon inertie scolaire.

J'en suis donc réduit, aujourd'hui, à spéculer.

Absence de la mère, qui travaillait toujours et dans une autre ville ? Manque d'encadrement et de discipline à la maison ? Manque d'estime de soi ou traumatisme quelconque ? Ne m'a-t-on pas raconté que ma mère m'avait échappé sur le plancher de béton du magasin Eaton à l'époque où elle me trimballait dans un couffin portable ?

Ou serait-ce plutôt l'absence du père ? Un père plus grand que nature qui aurait provoqué une carence impossible à combler…

•••

Je n'ai en effet pas eu de père. Ou plutôt, je n'ai pas eu la chance d'avoir un père présent, qui aurait distribué conseils, fessées, admonestations et encouragements.

Décédé alors que je venais d'avoir quatre ans, il ne m'a laissé qu'un souvenir : une fessée, justement, pour un cadeau déballé avant Noël.

Je n'ai donc pas vraiment eu de père, mais j'ai dû vivre avec l'image ultra-présente d'un père exceptionnel dont on a raconté chaque réussite en détail, notamment dans le livre *La poudrière linguistique* de l'historien Pierre Godin[2] : à 33 ans, il était vice-président de la puissante fiducie Trust général du Canada ; à 40 ans, doyen de la Faculté de droit de l'Université de Montréal ; à 43 ans, ministre de l'Éducation.

Tout ça en étant également danseur de ballet et peintre, ayant été l'étudiant du père de l'automatisme, Paul-Émile Borduas. Scusez du peu.

Est-ce que ça m'a pesé ? Avais-je l'impression de me mesurer à tellement plus grand ?

Je ne crois pas.

J'ai toujours été fier de l'avoir eu comme père. Mais je ne me souviens pas d'une seule fois où je me suis comparé à lui.

D'autant qu'il a évolué à une autre époque. Une époque où un homme de sa trempe pouvait avoir sept enfants et se consacrer sans états d'âme à ses activités artistiques et professionnelles.

---

2 GODIN, Pierre, *La poudrière linguistique,* Montréal, Boréal, 1990.

Je ne regarde pas cette époque avec envie. Je ne serai jamais ministre ou doyen de faculté, mais je jouis d'un équilibre travail-famille dont n'aura jamais pu profiter mon paternel.

Je n'ai donc pas souvenir d'avoir souffert de la comparaison avec mon père.

Ce qui a été souffrant dans l'absence de cette figure de colosse, par contre, c'est la tape dans le dos jamais reçue. C'est d'avoir dû former mon identité sans les encouragements paternels, mais aussi sans les remontrances et les conseils.

C'est peut-être pour cette raison qu'au cœur de mon cheminement personnel, il y a un homme, qui a agi tel un père, ne fût-ce que pendant deux années.

Peut-être les deux plus importantes de mon parcours, d'ailleurs.

•••

Cet homme, je l'ai croisé durant un épisode de ma vie qui pourrait être tout droit sorti des années 1950… mais qui s'est déroulé au début des années 1990.

Je fréquentais alors un séminaire. Avec des religieux. J'habitais un pensionnat gouverné par une congrégation rigoriste. Je devais suivre la routine d'un quasi-prêtre en devenir, pastorale obligatoire le mardi, prière le jeudi, messe le dimanche, odeur d'encens en tout temps.

J'ai même été catéchète… moi qui n'ai jamais eu la foi, imaginez.

Et tout ça, je ne l'ai pas vécu au primaire ou à l'âge de 12 ou 13 ans, non…

Ça s'est passé durant mon adolescence, quand j'avais 16-17 ans, pendant mes années de cégep.

C'est, j'en suis aujourd'hui persuadé, le détour qui m'a permis de retrouver mon chemin.

Les pensionnats ont beau être passés de mode, c'est ce qui m'a sauvé. Je fréquentais le Séminaire Saint-Augustin-de-Desmaures et j'habitais une résidence dirigée par des pères rédemptoristes qui savaient doser autorité, pédagogie et affection. Suffisamment, en tout cas, pour me permettre d'émerger des 11 longues années de calvaire qui m'avaient mené jusqu'à eux.

Curieusement, c'est au même contrepoison qu'a goûté Daniel Pennac : au pensionnat, qu'il appelle « internat ». Une solution qui n'est plus guère dans l'air du temps, note-t-il, « aujourd'hui qu'on a inventé l'amour parental [...] Il est difficile d'expliquer aux parents d'aujourd'hui les atouts de l'internat, tant ils l'envisagent comme un bagne, ajoute-t-il. À leurs yeux, y envoyer ses enfants relève de l'abandon de paternité. »

Pourtant, c'est ce qui l'a sauvé. Et ce qui m'a sauvé. Ç'aurait très bien pu être autre chose, soyons clairs. Un sport. Un mentor. Une passion brûlante. Une épiphanie. Une chose, n'importe laquelle, dont la particularité est de ne pouvoir être contrôlée par un parent. Hélas.

•••

C'est là, dans ce pensionnat, que j'ai croisé un homme qui m'a fait confiance. Un homme qui a vu en moi autre chose que le garçon incapable que j'étais aux yeux de tous.

Le père François Paradis dirigeait le pensionnat d'une main ferme mais bienveillante. Je me rappelle encore la fois où, en pleine messe, il m'avait montré du doigt devant tout le monde en m'accusant d'avoir volé du vin liturgique... ouch !

Je me souviens surtout de ses encouragements, de sa foi inébranlable en moi, de sa conviction que je n'étais pas ce cancre qu'on m'avait convaincu que j'étais. Il était même persuadé que j'étais destiné à de grandes choses.

Ça peut sembler banal, mais, en rétrospective, je pense que c'est ce qui m'a donné des ailes.

Il n'en faut pas beaucoup pour faire bomber le torse à un garçon qui s'est toujours senti rabaissé. Un sourire. Une main sur l'épaule. Et quelques mots d'encouragement bien sentis.

En témoigne cette anecdote tout à fait banale dont je me souviens comme si c'était hier. À peu près chaque mois, le père Paradis prenait sa voiture familiale et amenait plusieurs garçons chez le barbier. Pas le choix d'y aller en groupe, il n'y avait pas de transport en commun à l'époque à « Saint-Aug' ».

Je me rappelle ce jour où, une fois les cheveux de tous coupés, il m'a dit : « Prends l'auto. Ramène les gars. »

Pardon ? Quelqu'un avait confiance en moi ? Cet homme voyait autre chose qu'un garçon indolent en me regardant ?

C'est ce soudain optimisme à mon égard, perceptible au quotidien dans les petits gestes, qui m'a tranquillement donné confiance et m'a incité à prendre ma place dans l'équipe de basketball. Et qui m'a permis aussi, je crois, d'améliorer mon rendement scolaire. Au point d'être nommé athlète de l'année avec la meilleure moyenne académique.

Je réussissais soudainement l'impensable pour être à la hauteur des espoirs de cet homme qui m'avait accueilli au pensionnat malgré mes difficultés. En étant plus convaincu que moi-même que je réussirais à les surmonter.

J'ai récemment appelé François Paradis pour lui dire que j'écrirais ce texte, et pour le remercier de tout ce qu'il avait fait pour moi. Il m'a alors raconté une chose que j'ignorais : son soutien n'était pas que moral, il était aussi financier.

À deux reprises pendant mes années de cégep, s'est-il remémoré, ma mère s'est présentée à son bureau, car elle manquait d'argent, frôlant la faillite.

« Elle me disait : "Je ne sais plus quoi faire, c'est trop cher, je dois retirer mon garçon." Eh bien, j'ai tout simplement refusé. Je lui ai répondu : "Je ne vous écoute même plus ! Sortez de mon bureau ! Je ne veux plus jamais que vous me parliez de ça !" »

J'ai alors appris que le père Paradis m'avait encore davantage aidé que je le croyais. Non seulement m'avait-il accueilli malgré mes problèmes, il m'avait gardé malgré les problèmes de ma mère.

•••

Il y a eu dans mon cheminement un second moment marquant. Un second détour, qui m'a mené cette fois vers le métier que je pratique aujourd'hui.

Que s'est-il passé ? L'ennui…

Je dois en effet mon intérêt pour l'écriture et pour le journalisme à l'ennui.

C'était en 1995. J'avais fait une année de science politique à l'Université Laval, puis une année de sociologie à l'Université de Montréal (UdeM). Je me cherchais. Pour la petite histoire, j'avais été refusé en droit à l'UdeM… par la faculté que mon père avait dirigée des années plus tôt comme doyen !

Donc, après deux années d'université, j'ai décidé de faire un échange à l'international. J'ai alors fait ma troisième année universitaire à Lyon. Ou ce que je croyais être Lyon quand j'ai rempli les formulaires.

J'avais choisi cette grande ville française pour deux raisons. *Primo*, elle est très centrale. De là, on peut sauter dans le bus et se rendre facilement dans les Alpes, à Paris ou à Barcelone. *Secundo*, Lyon est jumelée à Montréal, ce qui me donnait certains privilèges.

J'ai donc mis le cap sur Lyon. Ou plutôt, ai-je réalisé une fois sur place, sur la banlieue de Lyon, à la frontière entre le VIIIe arrondissement et Bron. Mon université n'était pas à Lyon même, mais dans la commune de Bron. Moins exotique, vous en conviendrez.

Puisque j'avais peu d'argent, je m'y ennuyais ferme entre les escapades que je me permettais de temps en temps.

Je me suis donc mis à lire… ce que je n'avais jamais fait auparavant. Je me demande même si ce n'est pas à ce moment-là que j'ai lu un livre au complet pour la première fois. Un livre que j'ai dévoré: *Le seigneur des anneaux.* Et qui a été suivi de plusieurs autres cette année-là.

En parallèle, j'écrivais des lettres à ma famille, à ma blonde et à mes amis. Et au fil des mois, j'ai réalisé que plus je lisais, mieux j'écrivais.

C'est ce qui m'a donné envie, à mon retour à Montréal, de participer au journal étudiant *Le Quartier libre.* Tout mon parcours journalistique part de cette implication.

Ça m'a mené à faire de la pige pour des hebdomadaires et des magazines. Ça m'a permis d'obtenir une *job* d'été comme rédacteur en chef du petit journal quotidien des Jeux du Québec, en 1997. Et ça m'a finalement conduit au certificat en journalisme, qui lui m'a ouvert les portes du *Journal de Montréal*, puis du *Devoir*.

J'avais enfin trouvé ma passion.

•••

J'avais donc finalement un intérêt supérieur, un élan, un enthousiasme. Cependant, c'est bien beau, la passion, mais comment faire ma place dans un métier difficile, moi qui partais de si loin ?

Eh bien, pour y arriver, j'ai travaillé fort et j'ai eu l'aide d'un ex-membre des Cyniques et d'un ancien maire de Montréal…

Je ne me voyais pas me lancer dans une industrie aussi difficile sans la moindre formation. J'ai donc entrepris un certificat de journalisme à la Faculté d'éducation permanente de l'Université de Montréal. Pas dans le but de le terminer, pour être bien honnête, mais pour acquérir les bases essentielles du métier.

Ça m'a pris quelques mois… et l'aide d'un ancien des Cyniques, justement, qui a eu les mots d'encouragement nécessaires pour me donner confiance. Il s'agit du journaliste Marc Laurendeau, qui m'a aidé comme pas un en m'enseignant les rudiments de la profession, en orientant mes recherches et mes lectures et, surtout, en croyant en moi.

Puis est venu le coup de pouce de l'ex-maire Jean Drapeau. En fait, ma véritable carrière a débuté avec son décès, alors qu'il n'y avait personne dans la salle de rédaction. J'étais pupitreur au *Devoir*. Je « montais » des pages, mais je n'écrivais pas encore d'articles. Ce soir-là, le chef de pupitre s'est levé, a fait le tour de la salle vide avec les yeux, puis il a crié : « Cardinal, Drapeau est mort. À l'hôtel de ville, dépêche-toi ! »

Ce fut ma première affectation, démarrée sur les chapeaux de roues. Une affectation qui m'a ouvert les portes de la politique municipale, un monde dont je ne connaissais rien. N'oubliez pas, je n'étais pas un lecteur. Je n'avais donc à peu près jamais lu un article de journal traitant de l'actualité municipale.

Je partais de zéro, mais j'ai senti que c'était ma chance de me faire une place comme reporter. Donc, j'y ai mis tout ce que j'avais pendant des semaines et des mois, que j'ai passés à lire, à m'informer, à manger « du municipal », sans cesse, presque nuit et jour.

Les lacunes abyssales de mes connaissances m'avaient donné un appétit insatiable pour en emmagasiner. J'étais une éponge sèche qui rencontrait l'eau pour la première fois.

Ironiquement, après avoir si peu travaillé pendant si longtemps, je peux dire en toute humilité que c'est parce que je me suis alors mis à bosser comme un fou que je suis là où je suis aujourd'hui.

C'est grâce à mon acharnement que je suis passé de commis au *Devoir* à éditorialiste en chef à *La Presse,* en travaillant infatigablement chaque fois que je passais à une autre étape, à un autre dossier, à l'urbanisme, à l'architecture, à l'environnement.

La difficulté quand on travaille dans un quotidien comme *Le Devoir* ou *La Presse,* c'est qu'on est entouré de gens brillants. Tout le temps. Des premiers de classe, des boursiers, des génies en herbe…

Mes collègues seront peut-être surpris de l'apprendre, mais aujourd'hui encore, je trouve ça difficile. C'est comme si, chaque jour, on me rappelait la connaissance que je n'ai pas acquise pendant ces années où mes collègues, eux, étudiaient et travaillaient.

Ma manière de compenser aujourd'hui : travailler, fort.

Pour faire la même chronique radio qu'un autre, je dois mettre deux fois plus d'efforts.

Pour rédiger un édito que d'autres écriraient en un jour, ça m'en prend deux.

C'est maintenant en moi, c'est intégré. C'est épuisant, mais c'est moi.

C'est ma façon de rattraper le bagage que je n'ai su acquérir à l'époque. Ma façon d'exorciser le passé.

Je travaille fort, j'écris dans le journal, je suis à la radio et à la télé. Je donne aussi des conférences, j'écris des livres. Qui l'eût cru ?

Certainement pas ma prof de français qui m'avait juré que jamais, au grand jamais, je n'écrirais de ma vie. Pas même des mots dans des cases de formulaires, tant j'étais « nul ».

Eh bien, cette même enseignante m'a écrit en 2007, alors que je venais de publier mon premier livre, *Le mythe du Québec vert*[3]. Un courriel plein de bonté, me félicitant pour mon travail.

J'étais maintenant « un auteur », soulignait-elle, avant d'ajouter que, dans le fond, elle avait toujours su que je finirais par écrire.

---

3 CARDINAL, François, *Le mythe du Québec vert*, Québec, Voix parallèles, 2007.

→ ALEXANDRE TAILLEFER

Alexandre Taillefer est un entrepreneur et un homme d'affaires québécois. Il est le fondateur et le principal associé de XPND Capital, un fonds d'investissement dans les entreprises du secteur de l'électrification des transports, des technologies, des médias et du divertissement. Entrepreneur en série, il s'est fait connaître grâce à sa participation à la série télévisée *Dans l'œil du dragon*, diffusée à la télévision de Radio-Canada de 2013 à 2016. Il n'a jamais terminé ses études universitaires, mais a reçu un doctorat *honoris causa* de l'École des sciences de la gestion de l'Université du Québec à Montréal et il en est bien fier !

LA QUÊTE DU BONHEUR COMME OBJECTIF ULTIME

ALEXANDRE TAILLEFER

Comme plusieurs garçons, j'ai pensé tout laisser tomber, et pas qu'une fois. Mon parcours scolaire n'a pas été des plus reluisants, je n'ai jamais terminé mes études universitaires et, de toute façon, ma moyenne m'en aurait empêché. Et mon parcours entrepreneurial est jonché d'échecs, petits et grands. Je ne suis pas toujours fier de mes agissements, même encore aujourd'hui, et j'ai connu le plus grand échec qu'un père puisse connaître quand j'ai perdu mon fils de 14 ans, Thomas, qui a choisi de s'enlever la vie, un soir de décembre.

Mes cheveux gris et les nombreuses cicatrices que la vie m'a laissées m'incitent aujourd'hui à partager avec toi certaines observations et certains conseils, que tu adapteras à ta réalité, et que tu absorberas ou rejetteras. Il n'existe aucune recette. D'ailleurs, méfie-toi des gens qui ont réponse à tout et semblent avoir tout réussi. Le toucher d'or de Midas n'existe que dans la mythologie grecque.

SE CHERCHER

La période la plus sombre de ma vie aura certainement été l'adolescence. Les boutons, les hormones, les chicanes entre amis, les blondes qui nous laissent, tout ce qu'on n'est pas et qu'on voudrait être, les parents qui ne nous comprennent pas et que l'on déçoit. L'école que l'on éviterait pour toutes ces raisons et bien plus.

C'est une période qui, pour plusieurs d'entre nous, peut entraîner des décisions qui auront un impact sur le restant de notre vie. Cinq années pas faciles qui auront des répercussions pendant 70 ans. C'est dur de s'en rendre compte quand on est au beau milieu de la tempête.

Ce que j'ai appris plus tard, c'est qu'à l'adolescence, non seulement on se teste et on teste les autres pour tenter de comprendre qui on est, mais le tout se déroule durant une période où le corps et le cerveau évoluent et se forment. Le cerveau humain continue à se développer et doit composer avec l'apparition d'hormones avec lesquelles il est difficile parfois de vivre. En d'autres mots, tu es toi, mais tu n'es pas encore tout à fait toi.

C'est tout à fait normal de se sentir étouffé et incompris, de prendre des années à se trouver. C'est l'inverse qui serait surprenant. Tout sauf l'école…

Je n'ai pas été l'élève le plus brillant. Les activités en dehors des heures de cours monopolisaient l'essentiel de mon intérêt et la plupart de mes efforts. Entre le journal étudiant et les projets entrepreneuriaux, je n'avais pas vraiment le temps d'étudier…

Je suis convaincu que ces expériences parascolaires ont eu un impact aussi important que mon éducation. Et elles m'ont gardé sur les bancs d'école. Elles étaient ma motivation pour m'y rendre et y rester. On voit de plus en plus d'écoles qui proposent des parcours mixtes, en intégrant par exemple des cours d'arts martiaux au programme éducatif général. Si tu t'ennuies solidement à l'école, pourquoi ne pas essayer de t'impliquer dans un projet qui t'intéresse ? Et si ce qui pourrait t'intéresser n'existe pas, que ce soit la radio étudiante, l'improvisation, la robotique, le jardinage ou un club de boursicoteur, pourquoi ne pas en parler avec quelques-uns de tes amis et le créer toi-même ? Je suis certain que ton école pourra t'appuyer dans cette démarche en te donnant accès à un local, par exemple. Sinon, contacte-moi.

TRAVAILLER FORT SANS S'EN RENDRE COMPTE

Il y a sûrement une matière à l'école que tu affectionnes davantage que les autres. Ce qui est magnifique, c'est qu'elle est probablement différente de celles que d'autres préfèrent. C'est comme pour la bouffe. Pourquoi est-ce que je préfère les pommes vertes et toi, les bananes ? Quel monde triste ce serait si nous étions tous pareils !

Il y a de fortes chances que tu aies de meilleures notes dans la matière qui te plaît davantage. Pour moi, les heures passaient vraiment plus vite dans la salle de cours de stratégie d'affaires qu'en allemand.

Dis-toi que ton travail, c'est d'aller à l'école. Les adultes consacrent environ 40 heures par semaine à gagner leur vie. J'ai dû en mettre le double pendant mes premières années dans les affaires. Mais jamais ces semaines ne m'ont paru plus longues que l'heure d'allemand que je devais me taper à l'âge de 14 ans.

Être passionné par son travail, c'est vraiment un des ingrédients de base du bonheur. Pour avoir été pompiste dans une station-service, emballeur dans un supermarché et clown dans un centre commercial, je peux t'assurer que rien ne vaut tester un travail qui ne nous motive pas pour nous donner le coup de pied au cul dont on a besoin pour aller chercher le diplôme qui nous permettra d'être plombier, électricien, cinéaste, entrepreneur, comptable ou n'importe quel métier qui nous rend heureux et fier. Trouve-toi le pire job d'été pour t'en convaincre !

LES COMPÉTENCES UNIQUES

Mais qu'est-ce qui te différencie des autres et te rend heureux ? Tu as sûrement une petite idée. Ce qui te fait rêver, ce qui t'amuse, ce dans quoi tu es bon et ce pour quoi les autres te demandent conseil. Ça peut sembler insignifiant initialement : les télécommandes n'ont pas de secret pour toi, tu répares la chasse d'eau qui coule avec empressement, tu as installé un système d'alarme sur ta porte de chambre, tu connais le nom de tous les dinosaures par cœur, tu es toujours le premier à ouvrir un stand de limonade les chaudes journées d'été revenues...

Il n'y a pas de sot métier, que des personnes malheureuses dans de mauvais emplois. Ne crois pas deux secondes celles et ceux qui cherchent à te convaincre qu'il faut travailler pour vivre : tu seras bien plus heureux si tu vis pour ton travail. Quel qu'il soit.

LES PROJETS

Je ne sais pas si c'est le cas pour tout le monde, mais chez moi, c'est très fort. Je carbure aux projets. C'est ce qui me garde éveillé la nuit et me fait me lever tôt le matin. Ma tête en est remplie. Des projets à court terme, d'autres pour dans 10 ans, certains complètement loufoques et d'autres très simples, mais toujours motivants.

Ils me gardent en vie et sont toujours porteurs d'espoir. Une fois réalisés, certains projets m'ont déçu, mais la plupart ont été extrêmement satisfaisants.

Dans mon cas, ce sont des projets d'entreprise. Je m'intéresse, par exemple aujourd'hui, à l'agriculture, une chose que je n'aurais jamais cru possible à 15 ans. J'aimerais produire des légumes.

Mais je pense aussi à mon souper de samedi prochain. Les pois verts sont sortis. Ils sont délicieux dans des pâtes. Je les cuisinerai avec Enrico, mon ami.

J'ai un projet de livre, il est dans ma tête depuis cinq ans. Je n'ai pas encore réuni toutes les conditions pour en accoucher comme je le souhaite, mais il mijote.

Même les projets les plus simples et les plus loufoques peuvent devenir ton carburant. Ils te stimuleront, te motiveront, te donneront des buts à atteindre. Que ce soit une montagne ou une butte, chaque projet réalisé t'aura mené plus loin, t'aura appris des choses. Fais une liste dès maintenant de tes projets à venir.

L'INTIMIDATION

Je ne te dirai pas que j'ai subi de l'intimidation plus jeune. J'ai bien eu quelques moments plus difficiles, surtout au primaire. J'avais de très bonnes notes à l'école et ça ne plaisait pas toujours à mes collègues de classe. Quelques-uns m'ont déjà attendu dans la cour d'école à la fin de la journée. Un copain m'avait alerté et je suis sorti par la porte principale, celle à côté du bureau du directeur…

Sache qu'à l'inverse, et je ne suis pas fier de te l'avouer, j'ai été moi-même un agresseur. J'ai intimidé deux personnes au secondaire. Annie et Philippe. Je ne les connaissais pas vraiment, l'un était plus petit et l'autre moins bien intégrée en classe, différente. Elle était rousse aussi. Le besoin de me valoriser, ou de démontrer ma force, m'a fait agir de façon stupide.

Mal m'en prit puisque Philippe était un champion de judo. Un midi, alors que je le provoquais pour la dixième fois, il a choisi de me donner une leçon. En moins de temps qu'il n'en faut pour lever mes deux bras, je me suis retrouvé à terre et ma tête a cogné contre le béton. Je ne sais pas si tu le sais, mais la tête, ça saigne énormément… Je ne me suis plus jamais moqué de lui. En y repensant, des années plus tard, je me suis dit que je l'avais bien cherché.

Par contre, avec Annie, la confrontation n'a jamais atteint cet apogée. Elle est toujours restée en suspens. Annie répondait à mes attaques verbales du mieux qu'elle le pouvait. Je ne l'ai jamais revue. Je l'ai cherchée dans les dernières années pour m'excuser. Elle ne m'a pas ouvert le crâne en me faisant une savate, mais mes gestes envers elle continuent à me hanter. Ma pénitence aura été que mon comportement m'a laissé une blessure bien plus grande que la cicatrice que j'ai toujours sur le crâne.

Le manque de maturité et, par extension, l'absence d'empathie sont malheureusement trop fréquents chez les adolescents. C'est encore plus vrai à l'heure des médias sociaux. Souviens-toi d'une chose : le mal que tu fais aujourd'hui – ou celui qu'on te fait – risque de te hanter très longtemps.

LA SANTÉ MENTALE

Nous sommes composés de deux aspects distincts. Il y a le volet physique : nos os, nos organes, nos muscles, nos nerfs. Et il y a le volet mental : notre cerveau, qui contrôle tout ça et qui nous fait penser aussi. Nous sommes très bons pour entretenir et soigner le premier. Si tu attrapes un rhume ou si tu te casses une jambe, des soins et des médicaments te seront prodigués rapidement et tu redeviendras comme neuf en quelques jours, voire quelques semaines.

Mais quand c'est ta tête qui ne va pas bien, quand tu as des idées noires, que tu te sens moche, déprimé, fatigué sans raison apparente, quand tu penses à tout ce qui ne va pas, que tu angoisses, que tu pleures, que tu n'arrives pas à dormir la nuit, c'est ton cerveau qui te joue des tours. Et malheureusement, nous sommes beaucoup moins bien équipés pour reconnaître et soigner ce genre de problèmes.

Les enjeux de santé mentale sont omniprésents. Tout le monde en souffre un jour ou l'autre, mais c'est encore tabou. Tout le monde se vante d'aller au gym, mais très rares sont ceux qui se vantent d'aller voir un psy. Ne commets pas cette erreur. Si tu es dans une situation similaire à celle que j'ai décrite, va chercher de l'aide, parles-en autour de toi, à tes parents, à tes amis, aux professionnels de ton école. Des ressources existent pour t'aider à passer à travers.

CHERCHER DE L'AIDE

Si tu crois que tu perds pied, que le défi est trop grand, parles-en. Nous, les gars, avons tendance à tout garder pour nous. Comme si avouer une faiblesse risquait de détruire à jamais l'image de force que nous voulons que les autres aient de nous. Les meilleurs conseils qui m'ont été donnés sont ceux que je suis allé chercher. Chez un ami, un mentor ou un psy.

C'est dur à croire, mais à ton âge, un des plus grands signes de maturité est de reconnaître que l'on n'a pas réponse à tout, que l'expérience et le savoir détenus par d'autres ont une très grande valeur et que la meilleure façon d'en bénéficier est de demander de l'aide.

FAIRE DU BIEN

J'ai souvent parlé du service social comme étant quelque chose que nous devrions imposer à nos jeunes, comme certains pays imposent encore un service militaire. Peu de choses ont un impact aussi grand sur mon moral et ma fierté que le sentiment d'avoir contribué à améliorer les choses autour de moi en m'impliquant. Je ne l'ai pas toujours fait, et je t'assure que j'aurais dû commencer beaucoup plus tôt.

Trouve une cause qui te parle, dans laquelle tu aimerais t'impliquer, et consacres-y quelques heures par mois. Ça peut être dans un club sportif, en participant à une collecte de déchets dans le parc près de chez toi ou en visitant des aînés qui sont trop souvent seuls.

Un vieil adage dit que donner, c'est recevoir. Ça peut sembler contre-intuitif, mais l'implication sociale est reconnue comme l'un des ingrédients les plus importants du bonheur.

RÉUSSIR SA VIE

Je l'ai dit déjà. Il n'y a pas de recette pour être heureux et pas de bulletin qui nous permette d'évaluer ce que signifie réussir sa vie. Le succès ne se calcule pas en dollars, en médailles ou en résultats scolaires. Il se mesure, selon moi, en la capacité que tu auras à être heureux. C'est très égoïste, mais il n'existe pas de meilleure façon de rendre les gens autour de soi heureux que de l'être soi-même. Et le bonheur, ça se travaille et ça s'apprend.

Je ne te mentirai pas par contre : la vie sait être dure. Elle l'a sûrement déjà été pour toi, elle l'est peut-être maintenant et elle le sera encore de nombreuses fois. Elle est remplie d'obstacles qui nous apparaissent à première vue insurmontables. Mais ce sont des obstacles qui peuvent nous rendre fiers et forts une fois qu'on les a surmontés.

Tu es unique, différent, comme moi, comme ton meilleur ami, et comme toutes les personnes que tu aimes moins. Il n'existe pas d'ingrédient miracle si ce n'est le courage. Celui d'être soi-même avant tout, de s'accepter comme on est, d'apprendre à rire de soi, d'être humble et d'être patient. Puis celui de se donner une direction, des objectifs que l'on veut atteindre, et de prendre les moyens pour y arriver. Les moyens et les destinations sont différents pour chacun. Ensuite, il faut accepter que le voyage peut être long et que les échecs sont inévitables, ce qui va rendre la victoire bien plus précieuse.

La vie sait aussi être belle. Très belle même. Ne baisse pas les bras, ce n'est pas le temps de lâcher. Pour tes amis, pour tes parents, pour ta communauté, mais avant tout pour toi-même. Je te donne une grande tape dans le dos en guise d'encouragement et te serre très fort. Si quelqu'un est capable, c'est bien toi.

→ MARC SÉGUIN

Diplômé en beaux-arts de l'Université Concordia, Marc Séguin est un artiste multidisciplinaire, à la fois peintre, romancier, chroniqueur et cinéaste. Son œuvre picturale fait partie de plusieurs collections privées et institutionnelles. À titre d'auteur, il a signé quatre romans et un recueil de poèmes, notamment *La foi du braconnier* (Leméac, 2009) et *Hollywood* (Leméac, 2012), qui lui ont valu d'être finaliste à de nombreux prix (Grand Prix littéraire Archambault de la relève 2010, Prix des libraires du Québec 2010 et 2013, Prix littéraires du Gouverneur général du Canada 2013) et, le premier, de remporter le Prix littéraire des collégiens 2010.

Producteur et réalisateur d'un premier long métrage de fiction, *Stealing Alice* (Atelier Brooklyn, 2016), il a aussi réalisé le documentaire *La ferme et son État* (Atelier Brooklyn, 2017), qui brosse « un portrait actuel des forces vives et des aberrations en agriculture au Québec ».

JE SAIS QUE VOUS LE SAVEZ...

MARC SÉGUIN

Me suis toujours demandé à quoi servait l'école. Depuis le premier jour de la maternelle. Je savais qu'on allait m'apprendre à lire et à compter. Les adultes le répétaient sans cesse, fiers de vanter les vertus de l'éducation. J'avais compris tôt que c'était un passage obligé. La loi m'y forçait. Tout le monde doit aller à l'école jusqu'à un âge minimal fixé par l'État. Mes parents me l'ont répété éternellement, toutes les fois où j'ai demandé pourquoi.

Alors j'ai pris le rang, avec inconfort. En domptant mon malaise devant un système qui souhaite des résultats scolaires. En faisant comme si tout était OK. J'ai réussi à passer, tant bien que mal, à travers les mailles de l'échec. Parfois en déjouant le système jusqu'à m'en moquer avec fierté.

Jusqu'à ce jour où, à l'université, j'ai senti et compris que, pour apprendre, il n'y a rien de mieux que l'envie. Mais les chemins ne se ressemblent pas tous.

•••

Histoire vraie (à la virgule près). Un corridor d'école. Une femme (la professeure) et un jeune garçon.

«Ta yeule ma crisse de grosse chienne sale. Touche-moi pas pis crisse moi la paix mon estie de pédophile de pute.

(Un autre élève qui crie de l'intérieur de la classe) — Farme ta yeule, tu me déranges.

— Je t'ai dit de me laisser tranquille, grosse vache. Toi, farme ta yeule...»

La femme n'a pas dit un mot. Le garçon a fini par être suspendu une journée, puis il est retourné en classe. La professeure, elle, a continué son travail. Cette journée n'avait rien d'extraordinaire.

Ça vient d'une classe de GADP (Groupe adapté de développement pédagogique). Huit élèves, huit garçons. Niveaux scolaires: deuxième à cinquième années du primaire. Les garçons ont entre 7 et 10 ans. Une prof, huit élèves et quatre TES (techniciennes en éducation spécialisée). Ce qui précède est le quotidien de plusieurs personnes. Cet exemple n'est pas une exception. Ces jeunes garçons sont des cas lourds, malheureusement trop fréquents, et de plus en plus nombreux. On va devoir vivre avec eux. Ils feront partie d'une société active. La nôtre.

L'exemple est extrême, je sais, c'est la pointe extrême d'un malaise. Mais ça illustre aussi, de manière spectaculaire, l'état de la situation.

On sait tous que ces garçons n'iront pas à Brébeuf ou à McGill. Alors on fait quoi ? Parce qu'entre les cheminements parfaits et cette classe spéciale, il y a tous les autres, une majorité, pour qui s'accrocher est un combat moins spectaculaire, mais qui demeure une inquiétude de société.

Et si, justement, d'autres voies existaient.

•••

Je le répète : j'ai détesté l'école. De la maternelle au cégep, je me souviens – 42 ans plus tard, le souvenir est toujours vif – de l'anxiété de toutes ces premières journées d'école. Au-delà de la nervosité, et de l'horreur ressentie face à un système d'enseignement qui ne me convenait pas. J'ignore franchement comment j'ai pu passer au travers sans heurts, jusqu'à ce jour où je me suis fait renvoyer du cégep.

Les attentes sociales et la pression parentale ont certainement joué un rôle dans cette résistance à l'abandon. Je ne voulais pas lâcher. Croyant naïvement (je remercie la providence au passage pour cette naïveté) que ce n'était pas pour moi que je restais dans le système scolaire. Mais pour les autres. J'avais fait le deuil – bien tristement – de réussir pour moi. C'est pour les autres que j'ai d'abord fait semblant d'y croire.

Mis à la porte, donc, d'un établissement d'enseignement public. Deux fois plutôt qu'une, parce qu'on m'avait ré-accepté, deux fois encore, avec des promesses et des engagements de résultats scolaires. Sinon…

Je n'avais pas ouvert un livre du secondaire, et j'avais été accepté en sciences de la santé au cégep. Aucune note sous 90 %. Sans effort. Là, ça se corsait. La réalité commandait une intention. C'est à ce moment que j'ai pris conscience qu'il faut impérativement avoir envie de réussir pour se pousser à plus. Et ce n'est pas donné.

Il y a une expression, en anglais, qui dit : *Beat the system*. C'est ce que j'ai fait. Jusqu'au jour où, secoué par les mots d'un professeur qui m'avait dit, en me faisant passer son cours avec la note de 60 % : « Vous êtes intelligent, ne lâchez pas, jeune homme, allez voir ailleurs, je sais que vous le savez. » Un prof de philo. Un vieux singe. Avec humanité. Il avait vu à travers mes échecs scolaires. Au-delà.

Il avait tapé dans la fierté. Cet homme n'avait pas fait de miracle, on s'entend. Mais il avait débordé du cadre. Suffisamment pour avoir fait naître un monde de respect. Une conversation simple. Loin de la machine idéologique qui nous enseigne.

•••

Malheureusement, à force d'industrialiser l'éducation, on l'aura un peu déshumanisée. Alors que, parfois, c'est un seul professeur (durant tout le secondaire ou le collégial) qui réussira à raccrocher un gars.

Le décrochage est trop souvent une solution de moyennes ; on lâche parce qu'on a perdu ses repères, et ça devient la seule issue. J'ai vécu cette situation. Ça manque d'humanité. Dire qu'un seul regard de bienveillance peut sauver des vies scolaires n'est pas une prescription des programmes éducatifs.

Pourtant. Il y a des centaines de ressources pour accrocher les jeunes. On devine qui sont ceux qui vont dévier. On tente de ralentir la glissade ou de la leur éviter. Mais toujours dans le même système. Je me demande parfois à quoi ressembleraient les statistiques de décrochage sans les milliers d'interventions humaines et les mécanismes en place.

Alors j'ai parfois l'impression que c'est le système qu'on protège et accompagne ; on ne veut pas d'échecs. C'est une grosse machine. Le constat serait troublant. Honteux.

Et pourtant…

Pourquoi les gars en sont-ils majoritairement les victimes ? Peut-on, sans se faire lyncher, dire que notre système d'éducation favorise les filles ? A-t-on le droit de croire qu'il s'est féminisé ?

Non, ce n'est pas la faute des femmes. Elles portent l'éducation à bout de bras. Mais un décalage existe.

Je sais, on nous répète que les raisons ne doivent pas être genrées. Et pourtant. Les conséquences le sont: le décrochage scolaire est majoritairement une affaire de gars.

L'apprentissage serait-il différent d'un sexe à l'autre?

Ma grand-mère disait: «Ça prend du monde pour faire des rues et des toits.» Évidemment, on aurait un problème si tout le monde faisait des études supérieures.

Au primaire, ce sont les récréations qui m'ont tenu en vie. Au secondaire, c'était le sport. Quand on se noie, on s'accroche à tout ce qui peut nous faire flotter.

•••

J'ai quatre enfants dans le système scolaire public. Deux filles, deux gars. Je ne suis pas un spécialiste diplômé. Mais je peux affirmer, sans crainte, que l'encadrement d'apprentissage prend les garçons en défaut. La différence est flagrante. On fait davantage de discipline avec les garçons. Comme si l'identité de genre devenait un problème.

Je crois par ailleurs qu'on apprend autant dans les corridors, dans une cour d'école pendant les récrés, dans la cafétéria, entre les cours, dans les sorties, dans la file d'attente de l'autobus que dans les classes. Mais comme l'évaluation ne tient compte que d'un seul critère… ça donne des parcours comme le mien, où j'ai dû faire semblant, en silence, que le programme me convenait.

Les garçons se construisent beaucoup dans les jeux d'affrontement. On sanctionne et réprime la bataille, le chamaillage et les jeux physiques. Mauvais comportement. Pour plusieurs, c'est prouvé, l'acquisition de connaissances se fait à un niveau d'attention calme, une fois que les tensions physiques sont évacuées. Je suis passé par là. Je me souviens d'ailleurs d'un professeur de français de troisième secondaire qui avait mis les gars en compétition les uns contre les autres. Toutes les notes avaient monté. Elle – c'était une femme – avait mis les pieds dans une marge de l'enseignement. Plusieurs fois par mois, elle envoyait les gars étudier au gymnase. On l'aimait. Malgré la tentation des jeux, on s'était pris en charge et on s'était responsabilisés, conscients de notre privilège.

Je me risque : le déficit d'attention se gère mieux quand le surplus d'énergie, normal à cet âge, est contrôlé. Que peut-on espérer quand on « discipline » et restreint les tentatives naturelles de s'exprimer ?

Il y a encore des gens qui se surprennent que les gars lâchent l'école.

Quand on double ces faits d'un manque de vision, on se retrouve avec des cohortes de décrocheurs. Parce qu'il existe un écart entre la vision de l'éducation et la réalité. On est capable d'envoyer des gens dans l'espace et sur la Lune, mais on peine à prévoir les besoins sociaux à quelques années près. Parce qu'on a trop insisté sur les « grandes études », on a oublié les besoins de main-d'œuvre qualifiée. Le système est bête. Il ne convient pas à tous.

Ça revient à ce que ma grand-mère disait. Il y a une pénurie de travailleurs. Le chômage est à un creux historique. On manque de monde dans tous les corps de métier, de la construction jusqu'aux technologies. Le manque se manifeste aussi dans la fierté. On chante les louanges des infirmières et des « maîtresses » d'école, alors qu'on entend à peine parler des électriciens, des machinistes, ou des gars qui pavent les rues et recouvrent les toits.

Le système d'éducation n'a pas assez tenu compte des réalités appliquées.

Je comprends les gars qui veulent lâcher. Profondément. On a tous besoin d'être validés de temps en temps. Ce n'est pas qu'une question de fierté. Parfois, il s'agit aussi d'avoir le sentiment d'être au bon endroit. Avoir raison. Pas sûr que le système en place convienne parfaitement aux garçons.

Mais ne blâmons pas les genres. Cherchons plutôt des solutions.

Évidemment, l'intérêt est fondamental. Après avoir « passé » le niveau collégial de peine et de misère, j'ai pris un an pour comprendre mes intérêts et s'ils étaient compatibles avec le cadre imposé.

Je sais que « faire semblant » n'est pas idéal. Peut-être ne suis-je pas un bon exemple. Mais je voulais passer au travers, et c'est tout ce que j'ai trouvé. Jouer le jeu, le temps du chronomètre. Ça, et faire autre chose, en cachette. Comprendre qu'une passion n'a pas à être étouffée, mais qu'elle peut être entretenue à l'extérieur du système dominant.

Je sais que c'est triste, mais j'ai dû cacher mes véritables envies. Lire en cachette. Dessiner en dehors du cours d'arts plastiques. Écrire de la poésie.

L'école était devenue un mal nécessaire, accepté. Qui a duré 15 ans. Un jour, le mépris silencieux et assumé s'est transformé en lumière : il existait une école pour ce que j'aimais. Après deux renvois et sept sessions au même endroit, je suis entré à l'université en arts sur la base d'un portfolio d'œuvres (rien donc de ces 15 années scolaires). En trois ans d'université, je n'ai manqué aucun cours et je n'ai jamais été en retard, ne serait-ce que d'une minute. Dr Jekyll et M. Hyde. L'explication est simple : la motivation.

C'est sa mécanique, jusque-là, qui avait fait défaut. À cause des normes de fonctionnement.

On ne réinventera pas l'appareil simplement en débattant d'idées. Il faut comprendre ce qui motive un gars à rester dans un système d'apprentissage, et l'appliquer; permettre ses intentions. Dans mon cas: un homme qui a eu la lucidité de dire la vérité à l'adolescent qui se trouvait devant lui. Pour quelques minutes, je n'étais plus un étudiant. Mais quelqu'un de respecté.

D'ici là, il va falloir se fier aux femmes et aux hommes qui croient au projet. Leur donner des moyens humains de faire leur travail et, surtout, leur donner l'envie de le faire. Parce que les règles et les conditions d'instruction sont contraignantes. Il y a beaucoup de monde et pour avancer, on normalise l'enseignement. C'est la bonne manière à cause du nombre. Mais il faut comprendre que des jeunes se laissent tomber en bas du train, faute de place.

Je sais qu'un seul professeur peut faire une différence. L'école, ça ressemble drôlement à la vie. Suis passé à travers ses dogmes parce que j'ai su que c'était nécessaire; à travers le sentiment que le système ne me convenait pas, parce qu'une seule personne, un étranger, m'avait dit que je pouvais battre le système au lieu de le subir.

Les gars, avant de lâcher, il faut comprendre que le système a des limites. C'est important de le savoir et de passer par-dessus. Mais il faut surtout se dire que ça prend un effort de plus quand on ne *fitte* pas dans la patente.

→ MATHIEU CYR

Originaire de Beauharnois, Mathieu Cyr est un humoriste et un comédien diplômé de l'École nationale de l'humour (promotion 2007). Humoriste prolifique de style *stand-up*, il s'est produit en spectacle aux quatre coins du Québec, ainsi qu'en France et en Belgique.

TROUVE TA PASSION

MATHIEU CYR

Aujourd'hui, je suis heureux. J'ai une femme que j'aime, des enfants que j'adore. J'habite dans un quartier idéal pour mon style de vie. J'ai une *job* incroyable et je suis entouré par une équipe qui l'est tout autant. J'ai la tête pleine de projets et je vis de ma passion. Bref, c'est la joie!

Aujourd'hui, j'ai 43 ans. Je dirais que je suis heureux depuis plus ou moins cinq ans. Ça m'aura pris 38 ans pour atteindre le bonheur. C'est long. Mais bon, il y a aussi beaucoup de gens qui n'atteindront jamais cet état d'esprit. J'espère que ce texte t'aidera à ne pas faire partie de ceux-là.

Je dois dire en partant que, depuis mon enfance, je vis avec deux diagnostics: trouble du déficit de l'attention avec hyperactivité (TDAH) et douance.

Le premier, tout le monde le connaît. Le second, c'est plus nébuleux. C'est quoi, une douance? En gros, c'est un cerveau sur les stéroïdes. C'est comme si tout était *boosté* fois dix... L'assimilation et la compréhension d'informations, les sensations physiques, l'adrénaline, les émotions... Et le déficit d'attention.

Ces deux conditions ensemble, ça fait un cocktail explosif. Ça donne quelqu'un de téméraire, d'impatient, d'impulsif, avec de fortes lacunes sur le plan des relations sociales. Traduction:

ça donne un lunatique rejet qui fait des *backflips*. Ça ne *fitte* pas avec l'école.

D'ailleurs, mon parcours scolaire a été tout sauf simple. En première année du primaire, j'avais 100 % partout. On m'a alors fait passer des tests de QI et on m'a donné un diagnostic de douance. Ensuite, on m'a fait sauter ma deuxième année, donc j'ai abouti directement en troisième.

J'arrive là, un an plus jeune que les autres, avec une étampe de « p'tit génie » dans le front. Tous les gars voulaient me casser la gueule. J'ai passé le reste de mon primaire à me battre. On m'a jeté dehors de deux écoles.

Au secondaire, c'était pire. J'ai dû me battre une bonne vingtaine de fois. Je me suis engueulé avec des profs, j'ai poussé des surveillants et des directeurs. On m'a jeté dehors de six écoles différentes. J'ai fini mon secondaire dans une lugubre école pour adultes à Verdun. L'endroit était aussi chaleureux qu'une salle d'attente de la SAAQ.

Ensuite, j'ai eu quelques jobines. Obtenues grâce à un programme d'aide aux jeunes délinquants.

Après six mois et huit mises à pied, je me suis dit que je voulais retourner à l'école. Mais tous les cégeps publics m'ont refusé. Même le Cégep du Vieux Montréal ! Même en sciences humaines ! Pas de maths ! Pour ceux qui ne connaissent pas la référence, se faire refuser au Cégep du Vieux Montréal, c'est comme être jeté en dehors d'un Walmart parce qu'on n'est pas assez bien habillé. Ça va pas bien.

Alors je suis allé au cégep privé du Collège français. Et comme il était axé sur le football, j'ai fait croire que j'étais *quarterback*. Évidemment, c'était faux. Je n'avais jamais lancé un ballon de ma vie. Mais on m'a accepté dans l'équipe sans vérifier. Alors, du jour au lendemain, j'étais rendu quart-arrière d'une équipe de football collégial AA.

Mon manque d'expérience a dû paraître assez vite, parce qu'on m'a jeté dehors de l'équipe au milieu de la première pratique. Soit juste après que j'ai lancé trois ballons dans la mauvaise direction, devant des joueurs qui se demandaient: «Y est-tu sérieux, lui, là ?»

Après cet échec, je suis retourné m'user le moral sur le marché du travail. J'ai été camelot, caissier de dépanneur, commis d'entrepôt, poseur de tourbe, cueilleur de tomates, *doorman*, j'ai planté des arbres en Alberta. Bref, un p'tit parcours normal et relax, tsé !

À 21 ans, je me suis inscrit à l'université comme étudiant adulte, en animation et recherche culturelles. Ça, c'est la place où vont tous ceux qui ont été refusés en communications. J'ai *toffé* deux sessions. Soit l'équivalent de 300 pichets au bar étudiant, endroit où je passais la majeure partie de mes journées.

Après cet autre essai raté, retour sur le marché du travail: j'ai été commis chez Sports Experts et Canadian Tire, sondeur téléphonique, vendeur de viande au téléphone (oui, oui, ça se peut), animateur de foules, producteur de films de snowboard, entraîneur privé, vendeur de drogue, magouilleur...

Je vagabondais de job en job et de blonde en blonde, pendant que mes parents allaient d'angoisse en angoisse. Parce qu'entre deux blondes, je revenais vivre chez eux, «le temps que ça se place...», que je leur disais. Et évidemment, ça ne se plaçait jamais.

Puis un jour, tout a changé. J'avais 28 ans. J'étais dans les Rocheuses, en haut d'une montagne. La veille, j'avais bu et je m'étais battu avec des anglos. J'avais passé la nuit au poste.

Mais là, y fait beau pis je fais du snowboard avec mes chums. Donc, dans ma tête, tout va bien. À la fin de la journée, mon cellulaire sonne. Je vois que c'est ma blonde. Je réponds. Plein d'entrain.

« Allôôôôô, mon amour ! Ça va bieeeen ?

— Allô, Mathieu. (*Soupir*) Non, ça va pas.

— Ben voyons… Qu'est-ce qu'y a ?

— La police de Vancouver vient de m'appeler pour me dire que tu t'étais battu. Ça se peut que l'autre porte plainte.

— Ostie. J'me rappelais pu que j'avais laissé ton numéro comme contact d'urgence… Désolé, *babe*.

— Écoute, Mat, chu tannée.

— …

— J'te laisse. Tu fais rien de ta vie. Tu tombes. Pis j'ai pas le goût de tomber avec toi.

— Ah ouin ? Hé… Y a-tu quelque chose que je peux faire pour te prouver le contraire ?

— Non. C'est trop tard. En plus, comme t'es parti six mois par année, j'ai rencontré quelqu'un d'autre.

— Euh… Je le connais-tu ?

— C'pas de tes affaires. Salut.

— OK… Salut. »

Clac. Fin d'une relation de quatre ans. Drette de même.

Je reviens au Québec. Anéanti. Je retourne vivre dans le sous-sol chez mes parents. En attendant (toujours) que ça se place... Encore. Un soir, pendant que je creuse ma peine dans une bouteille de rhum, ma mère me dit :

« Tu sais que j't'aime, mon gars. Mais ta vie se placera pas si tu continues à ne jamais finir ce que tu commences.

— Qu'est-ce que tu veux dire ?

— Ben, ton cégep, tu l'as fini ?

— Non.

— À l'université, t'as eu ton bac?

— Non.

— C'est ça. Trouve-toi, mon gars. Pis c'est pas là-dedans que tu vas te trouver», dit-elle en pointant ma bouteille de rhum.

Re-clac.

Là, j'ai frappé mon *rock bottom*. J'avais aucune idée d'où s'en allait ma vie. J'avais pas de plan de carrière, pas de blonde, pas de chums, mis à part des chums de brosse... J'avais aucune référence d'emplois, à part les 50 jobs où je m'étais fait jeter dehors. Pendant cette période, j'ai pensé me sauver dans un autre pays, j'ai pensé me suicider...

J'ai erré comme une loque humaine pendant quelques semaines, à maudire le monde en calant des bouteilles de rhum volées.

Pis, à un moment donné, je suis tombé sur une pub de l'École nationale de l'humour. Je me suis inscrit aux cours du soir. Trois mois plus tard, je montais sur une scène pour la première fois de ma vie.

Je bégaye. Je tremble. J'oublie mon texte. Je suis mauvais. Mais mau-vais! Personne ne rit. Le monde regarde le *show* en se cachant la face. Je quitte la scène en laissant derrière moi un malaise aussi dense qu'un pain aux bananes fait avec du béton armé.

Mais, curieusement, intérieurement, j'me sens bien. Pour la première fois de ma vie, je sens que j'ai fait ce que je devais faire. Que ça venait de moi, pour moi. Oui, j'ai été mauvais. Pis? Qu'est-ce que ça fait? Ça fait 29 ans que je suis mauvais dans tout ce que je fais. Penses-tu que c'est un petit six minutes d'humiliation devant 60 personnes qui va me faire peur? C'est de la p'tite bière, ça!

Ce soir-là, j'ai senti quelque chose s'enlever de mes épaules: la pression sociale.

Cette pression est partout. Elle est sûrement à côté de toi présentement. C'est elle qui te dit: «Tu n'seras jamais assez bon pour faire ça!» C'est elle qui rit de toi quand tu rates ton coup. C'est elle qui te dit: «J'te l'avais dit!» à longueur de journée…

Au primaire, elle t'impose d'avoir des bonnes notes. D'être en haut de la moyenne. Parce qu'elle trouve que c'est important, la moyenne.

Au secondaire, elle te dit d'être habillé «cool», de parler «cool» et d'agir «cool». Parce qu'elle le sait qu'être cool, c'est de loin la matière la plus importante. À cet âge-là, c'est pas tes notes en français ou en maths qui vont t'apporter le rejet ou l'acceptation sociale. C'est ta note en «coolitude». Plus t'es cool, plus t'as des amis cool. Pis ça, selon la pression sociale, c'est cool.

À mesure que tu vieillis, la pression sociale grandit. Elle grossit. Elle s'étend. Elle t'enveloppe avec ses tentacules. Elle t'envahit. Elle te colle à ta peau comme un coup de soleil qui chauffe. Elle s'imprime à ton souffle comme de l'emphysème. Elle contrôle tes gestes et tes mots comme un syndrome de la Tourette.

Elle t'oblige à avoir une bonne *job*. C'est-à-dire une *job* qui paye. La pression sociale s'en fout que t'aimes ça ou non. L'important, c'est que ça paye. Parce qu'avoir de l'argent, c'est être cool. Mais cool version adulte.

La pression juge tout. Elle juge ton char, ta maison, ta famille, tes amis, tes passe-temps. Elle va te dire d'avoir un enfant. Non. Des enfants. Des enfants parfaits. Qui sont en haut de la moyenne. Parce que c'est important, la moyenne.

Elle va grimper sur ton dos et peser sur tes épaules pour mieux entrer dans ta tête et diriger ton regard. Et tu sentiras sa présence à chaque décision que tu prendras. Jusqu'à ta mort. Jour où elle sautera sur tes proches pour leur refiler les angoisses et les dettes que t'auras pas eu le temps de régler de ton vivant.

C'est fataliste, hein ?

La bonne nouvelle, c'est que c'est pas obligé de se passer comme ça. Tu peux battre cette pression sociale avec la seule chose plus forte qu'elle : la passion. Sur le plan émotif, la passion est probablement la chose la plus importante dans ta vie. Parce que c'est elle qui va motiver tes gestes de l'intérieur.

Je m'explique : on peut accomplir exactement les mêmes choses avec la pression qu'avec la passion. La différence, c'est que lorsqu'on accomplit quelque chose par pression, notre motivation vient de l'extérieur. Quand c'est la passion qui nous fait agir, ça vient d'en dedans.

C'est comme quelqu'un qui arrête de fumer pour sauver de l'argent. S'il devient millionnaire, il y a des bonnes chances qu'il recommence. Mais s'il arrête de fumer parce qu'il ne veut plus rien savoir de ça, et que c'est une conviction fortement imbriquée en lui, y a rien qui va le faire recommencer. C'est ça, la passion.

Pendant toute ma scolarité, on m'a dit que j'avais des difficultés d'apprentissage. Parce qu'on essayait de me faire apprendre par pression. Aujourd'hui, j'apprends par passion et je gagne ma vie en récitant 60 pages de textes chaque soir. Pas pire pour un gars qui a des difficultés d'apprentissage !

Alors, mon conseil pour toi si tu veux « réussir » dans la vie : trouve ta passion. *That's it.* Ensuite viendra la motivation. Et je te garantis qu'avec ces deux alliées, tout va bien aller.

→ PIERRE-LUC QUIMPER

Pierre-Luc Quimper est né à Saint-Quentin, un village francophone du Nouveau-Brunswick. Alors qu'il n'était encore qu'à l'école secondaire, il a fondé une compagnie d'hébergement de données, au début de l'ère Internet. Il s'est par la suite installé au Québec pour se consacrer au développement de GloboTech, sa compagnie, qui est devenue une entreprise de premier plan au Canada.

À partir de 2016, il a commencé à s'intéresser au secteur émergent de la chaîne de blocs et du bitcoin. Il a ainsi fondé Bitfarms, dont les centres de calculs soutiennent à l'échelle mondiale le réseau bitcoin. Coté en Bourse, Bitfarms est aujourd'hui un des plus importants joueurs nord-américains de ce secteur. Entrepreneur aguerri, Pierre-Luc est toujours à l'affût de nouvelles occasions d'affaires, mais il garde toujours à l'esprit que le succès vient seulement à ceux qui savent s'entourer d'une équipe solide et loyale.

TOI, T'ES UNE CAUSE PERDUE, *ANYWAY*! TU VAS FINIR SUR LE BS !

PIERRE-LUC QUIMPER

Autant que je me souvienne, je n'ai jamais voulu aller à l'école. À la maternelle, j'en étais venu à m'accrocher au cadre de porte pour ne pas monter dans l'autobus jaune qui m'emmenait à la petite école de mon village de Saint-Quentin, au Nouveau-Brunswick.

Ç'a continué au primaire. Ironiquement, l'école se trouvait juste en face de chez moi, ce qui me permettait d'y rester le moins de temps possible. J'attendais la fin de la récréation du midi pour sortir de chez moi et aller en classe. J'ai tout de même réussi à terminer mes première et deuxième années.

Mais les choses se sont compliquées lors de la troisième année. J'ai été obligé de redoubler à cause d'une lourde opération à la jambe. Car, en plus de ne pas aimer l'école, j'étais « différent » des autres élèves. J'ai toujours boité à cause d'une maladie rare héritée à la naissance et avec laquelle j'ai appris à vivre. Ayant passé trop de temps à l'hôpital cette année-là, j'ai donc dû refaire un programme dont je connaissais déjà en grande partie le contenu. Pour un petit gars qui n'aime déjà pas l'école, un redoublement est d'un ennui terrible, voire une véritable torture.

J'étais trop jeune pour comprendre pourquoi je n'aimais pas l'école. Avec le recul et l'expérience, je pense que je ne comprenais pas l'intérêt de rester sur un banc d'école pour apprendre des matières qui n'allaient jamais me servir. À mes yeux, la palme du cours le plus ennuyant revenait au français, le comble pour un francophone du Nouveau-Brunswick, me direz-vous ! Mais j'ai toujours trouvé que la langue française n'avait aucune logique.

Si, à l'école, je m'ennuyais ferme, dans mes temps libres, je me montrais plutôt créatif pour gagner un peu d'argent. Dans mon village de 2400 habitants, j'ai tour à tour vendu des pommes enrobées de sirop au dépanneur, des mouches de pêche au magasin général et des cadres et des chandelles à la boutique-cadeau. Je confectionnais ces produits moi-même pour les vendre par lot aux commerces.

Tant bien que mal, je me suis rendu en quatrième année. Mon plan ultime était de trouver un moyen d'aller le moins souvent à l'école, un plan difficile à mettre en œuvre, car l'école est obligatoire jusqu'à l'âge de 16 ans. Mais j'ai réussi à le mettre à exécution l'année suivante, au grand désarroi de mes parents. J'ai toujours eu la tête dure ! Je m'en souviens très bien. Après des mois d'ennui sur les bancs de l'école, j'ai décroché en cinquième année, au retour des vacances des fêtes.

Ce fut une année particulièrement éprouvante pour mes parents, qui se faisaient un sang d'encre en constatant que je ne voulais rien savoir de l'école. D'autant plus qu'avec mon problème à la jambe, mes choix de carrières étaient plutôt limités, à leurs yeux. Je ne pouvais pas aller travailler au moulin à bois comme les jeunes du coin qui voulaient lâcher l'école tôt. Il me fallait un emploi de bureau, et pour cela, j'avais besoin d'un diplôme, pensaient mes parents.

Ce fut alors le début d'un long défilé de travailleurs sociaux, de psychologues, de médecins et de professeurs spécialisés venus me convaincre qu'il fallait être bon à l'école pour éviter de... *finir sur le BS*. Une expression que j'ai eu l'occasion d'entendre des dizaines de fois.

Des amis de mes parents se sont même un jour permis d'en faire usage en m'expliquant que les cancres finissaient automatiquement *sur le BS*. Quant à moi, ces propos condescendants ne m'aidaient pas à déterminer ce que je voulais faire de ma vie.

Mon rejet de l'école était inversement proportionnel à mon intérêt pour une technologie toute nouvelle à l'époque: les ordinateurs. Nous en étions alors aux balbutiements de l'informatique. Je me souviens très bien de la première fois où je me suis assis devant un ordinateur, un 286 de IBM qui appartenait à mon oncle et qui était une machine plutôt austère pour le commun des mortels, mais absolument fascinante pour le petit garçon à la tête dure que j'étais. Je devais avoir six ou sept ans.

Au début, je voyais ça comme un objet ludique, comme une sorte de console Nintendo. Mais j'ai vite compris que cela pouvait servir à autre chose. Un peu plus tard, mon père, qui était directeur d'une usine Irving, en a acheté un pour la famille. Ma sœur ne s'y intéressait pas vraiment et mes parents non plus. En fait, j'étais le seul de la famille à passer du temps devant l'écran. Il n'y avait pas encore Internet, mais je passais des heures à reformater l'ordinateur, à le démonter et à essayer de comprendre son mode de fonctionnement.

À l'école, mon intérêt pour l'informatique n'était pas vraiment pris en compte; la technologie était encore émergente, voire absente. En cinquième année, la directrice m'a installé un pupitre à côté de son bureau afin de m'inculquer les matières du programme scolaire. Un traitement-choc qui n'a fait que renforcer mon rejet de l'école.

À la maison, l'ambiance devenait tendue. J'étais alors en conflit avec mes parents et les travailleurs sociaux, car je ne voulais plus aller à l'école. Mes parents ont alors tenté le tout pour le tout en acceptant de m'envoyer dans une famille d'accueil, à une heure et demie de Saint-Quentin. Le directeur de ma nouvelle école a vite compris que le changement ne me donnerait pas plus l'envie d'étudier.

Au bout de quelques mois, le travailleur social m'a fait signer un contrat dans lequel il était indiqué que je pouvais retourner chez mes parents à la condition que j'accepte de fréquenter l'école de Saint-Quentin. Un contrat signé par un mineur n'a évidemment aucune valeur légale, ce que j'ai rappelé au travailleur social une fois arrivé devant chez moi. Peu de temps après mon retour à la maison familiale, un spécialiste est venu de Moncton pour me rencontrer afin d'évaluer si je souffrais d'un quelconque trouble psychologique.

Bien plus tard, ma mère m'a raconté la conclusion à laquelle était arrivé ledit spécialiste. Je ne souffrais d'aucun trouble mental, loin de là. J'avais en fait des idées sur ce que je voulais faire de ma vie, j'étais passionné par l'informatique. Il avait conseillé à mes parents de ne pas continuer à me mettre de la pression et de plutôt m'inciter à poursuivre ma passion. À partir de ce jour, mes parents ne m'ont plus jamais forcé à réussir à l'école.

Mon père m'a confié l'argent que ma mère et lui avaient mis de côté pour mes études. Avec son accord, j'ai fait un budget et acheté trois ordinateurs d'un seul coup. J'en ai vendu deux afin d'en tirer un profit et j'en ai gardé un pour moi. Ce nouvel ordinateur a changé ma vie, car j'ai pu le connecter à Internet. J'y ai découvert un monde où l'on peut apprendre, télécharger des fichiers, essayer des choses et surtout discuter avec des gens de partout sur la planète. Pas de Snapchat à l'époque, mais un service de messagerie appelé IRC, l'ancêtre lointain des réseaux sociaux. Sur IRC, il existait des milliers de canaux et de forums de discussions portant sur divers sujets sur lesquels je pouvais passer des journées entières.

Évidemment, je n'avais pas encore 16 ans et je devais faire acte de présence à l'école, quelques journées par semaine. J'aime à dire que l'on comptait mes journées de présence plutôt que mes absences. Autant dire que je ratais souvent l'école.

Puis, contre toute attente, c'est justement à l'école que j'ai pu développer une idée plus concrète de ce que je voulais faire de ma vie.

Grâce aux efforts de ma mère et d'un psychologue, j'ai pu avoir accès à un suivi particulier. Claude, le psychologue de l'école, était passionné par l'informatique. J'allais régulièrement à son bureau, où je n'avais pas droit au discours condescendant de type *tu vas finir sur le BS si tu n'es pas bon à l'école*. Bien au contraire. Claude parlait d'informatique avec moi et il m'incitait à poursuivre ma passion. Il me rassurait en me faisant lire des articles de magazines au sujet d'entrepreneurs autodidactes, sans éducation formelle.

Il me citait en exemple des vedettes du monde des affaires qui avaient été des élèves médiocres, mais qui avaient réussi à devenir des entrepreneurs accomplis. Il m'a donné confiance en moi en me montrant qu'il est possible d'avoir du succès en étant travaillant et persévérant, alors que toutes les autres personnes voulaient me raccrocher à l'école en jouant sur ma peur de *finir sur le BS*.

J'ai notamment pu mettre à profit ma connaissance de l'informatique avec le technicien du district scolaire dans le cadre d'un stage spécialement conçu pour moi, grâce à l'aide de Claude et de ma mère, qui avaient convaincu l'administration. Je l'accompagnais dans différentes écoles pour apprendre son métier, une démarche que ne semblaient pas comprendre tous les membres du district scolaire. Je me souviens très bien du jour où j'ai croisé un de mes anciens professeurs dans les couloirs d'une autre école, dans laquelle j'accompagnais le technicien. «Toi, t'es une cause perdue, *anyway*!» m'avait lancé l'enseignant dans l'escalier après que je lui ai expliqué pourquoi je suivais le technicien.

Malgré mes craintes et certains commentaires peu encourageants, j'ai persévéré dans ma passion de l'informatique. L'été venu, j'ai décroché un stage chez RadioShack, un commerce de produits et de composants électroniques, grâce à l'aide du technicien de l'école.

En parallèle, je continuais d'explorer Internet et surtout les canaux IRC. Les influenceurs de l'époque étaient les administrateurs de ces derniers. Mais dans ces recoins d'Internet se menait une guerre sans merci entre administrateurs et pirates, qui voulaient en prendre le contrôle. J'étais partie prenante de cette guerre virtuelle, car j'y ai vite vu des occasions d'affaires bien réelles. Afin de se protéger des attaques, les administrateurs avaient besoin de robots pour stopper les pirates informatiques. Les robots devaient être hébergés sur des serveurs externes sécurisés. J'ai commencé à vendre de l'espace sur mes propres serveurs. À force d'essais et d'erreurs, j'avais moi-même développé une technologie pour protéger les serveurs. Mes clients devenaient de plus en plus nombreux, au point où je me suis associé avec un ami, Charles.

Charles et moi avons créé notre première compagnie à l'âge de 14 ans. C'est en bicyclette que je suis allé visiter le petit immeuble de bureaux de Saint-Quentin pour signer un bail avec la propriétaire, afin d'y installer notre espace de travail. Nous nous sommes retrouvés locataires de ce bureau pour environ 450 $ par mois.

En parallèle, je continuais à faire acte de présence à l'école, motivé par ma passion pour l'informatique. Je n'avais pas de bonnes notes, mais j'essayais de briller autrement. La direction avait par exemple interdit l'utilisation des messageries IRC sur les ordinateurs de l'école, inquiète du fait que les élèves pouvaient les utiliser pour s'insulter en ligne. J'ai donc codé un petit logiciel qui censurait les mots grossiers dans les messages et j'ai convaincu la direction de permettre aux élèves de clavarder, en utilisant mon logiciel. La demande a été acceptée, à la plus grande satisfaction de mes camarades.

J'ai continué à travailler chez RadioShack pendant un an et demi, car j'avais peur que ma compagnie fasse faillite et de finir *sur le BS*, comme je l'avais maintes fois entendu. Le propriétaire du RadioShack m'avait même embauché à temps plein à un salaire de presque 17 $ de l'heure, une rémunération que j'avais moi-même négociée. Au bout d'un an et demi, j'ai dû me rendre à l'évidence. J'étais un véritable entrepreneur, avec une petite compagnie dans laquelle mon associé et moi-même devions travailler à temps plein. J'ai donc démissionné.

J'allais à mon bureau le matin en vélo, je revenais à la maison le soir pour souper avec mes parents, puis je retournais au bureau pour y rester jusqu'à tard le soir. En hiver, c'était mon père qui venait me chercher, souvent vers 23 h.

L'année de mes 19 ans, ma compagnie de serveurs informatiques est devenue trop grosse pour Saint-Quentin. Nous n'avons eu d'autre choix que de déménager à Brossard. C'était en 2002. Charles et moi avons loué un appartement qui faisait aussi office de bureau et nous avons fondé GloboTech. Nous avons travaillé comme des fous pendant plusieurs années. Monter une compagnie et la développer n'est pas chose facile. Je n'ai jamais fait le party durant mon adolescence et une bonne partie de ma vingtaine. Toute mon énergie est allée à développer ma compagnie. Rapidement, j'ai commencé à faire bien plus d'argent que les autres jeunes de mon âge. Mais l'argent n'a jamais été ma motivation première et ne le sera jamais. Ce que j'aime, c'est monter des projets, bâtir quelque chose.

Ma compagnie d'hébergement Web, GloboTech, existe encore, au centre-ville de Montréal. J'ai aussi fondé Bitfarms, une compagnie du secteur émergent de la chaîne de blocs, dont l'application la plus connue est le bitcoin. Comme président de Bitfarms, j'ai bâti en moins de deux ans quatre centres de calculs au Québec, avec l'aide de mes associés et de mon équipe. Bitfarms est aujourd'hui l'un des plus gros joueurs en Amérique du Nord dans le domaine et ma compagnie est cotée à la Bourse.

On peut dire que j'ai eu du succès avec mes compagnies. J'ai pu m'offrir quelques belles voitures, une grande maison, un chalet, et rendre mes parents fiers. Je travaille certes moins qu'avant, mais mon horaire demeure chargé si je le compare à celui d'un salarié régulier. Bâtir une entreprise, c'est comme aller à l'école. Il faut s'accrocher. Il y a des hauts et des bas, des échecs, des portes qui se ferment et d'autres qui s'ouvrent. Mais il faut regarder la *big picture* et ne pas perdre de vue l'objectif. Pour moi, cela a été de trouver une passion et de bâtir des projets autour de l'informatique.

QUAND CONFIANCE RIME AVEC PERSÉVÉRANCE

➔ GUY FERLAND

Titulaire d'une maîtrise en philosophie de l'Université de Montréal et d'une maîtrise en littérature de l'Université du Québec à Montréal, Guy Ferland a été journaliste au *Devoir* pendant plusieurs années avant de se consacrer, depuis 1991, à l'enseignement de la philosophie et de la littérature, au Cégep Lionel-Groulx, à Sainte-Thérèse.

En parallèle à son métier d'enseignant, il a écrit un manuel d'activités pédagogiques ludiques, un guide d'enseignement pour le premier cours de philosophie du Cégep à distance, un manuel pour le cours d'éthique et politique, ainsi que plusieurs articles publiés dans *La Presse* et *Le Devoir* portant sur la pédagogie, entre autres choses.

S'ACCROCHER AU LIEU DE DÉCROCHER

GUY FERLAND

J'aurais pu abandonner l'école par découragement ou par honte de me sentir moins intelligent que les autres. Ou plus simplement pour fuir l'intimidation. Heureusement, je ne l'ai pas fait. Cela m'a permis de devenir journaliste au *Devoir*, d'abord, et professeur de littérature et de philosophie au Collège Lionel-Groulx, par la suite. Ne lâchez pas, les gars, ça vaut la peine d'endurer et de persévérer.

DES DÉBUTS DIFFICILES

Pourtant, dès le primaire, quelque chose n'allait pas à l'école. Les professeurs l'ont immédiatement remarqué. Ils ont d'ailleurs vainement demandé à mes parents la permission de m'envoyer dans une école spécialisée pour enfants « attardés », comme on le disait à l'époque.

Je n'étais pas turbulent en classe, au contraire. Les enseignants me qualifiaient plutôt d'enfant lunatique. Ils s'inquiétaient parce que j'étais trop effacé, trop silencieux, trop discret. Ce n'était pas normal. Mes faibles notes révélaient que quelque chose ne tournait pas rond dans ma tête.

Chaque année, la « maîtresse » ou le directeur de l'école tentaient de faire comprendre à mes parents que je serais davantage à ma place dans une institution qui encadrait mieux les enfants délicats et lents dans l'apprentissage.

Certaines enseignantes voulaient aussi me protéger des moqueries des autres enfants. C'était pour mon bien qu'il fallait m'écarter des élèves « normaux ».

LES DIFFICULTÉS SCOLAIRES

Il faut dire que mon retard scolaire avait commencé en première année. J'avais beau tenter de comprendre les explications en classe, d'étudier les leçons et de faire mes devoirs comme les autres, je n'y parvenais pas. Épuisé par l'effort, j'abandonnais, en larmes.

Très tôt, ma mère a refusé de m'envoyer dans une école spécialisée et elle a plutôt négocié pour que je sois exempté de devoirs et de leçons à la maison. Elle avait compris les limites de mes capacités de concentration et elle était parvenue à les faire accepter par l'établissement. Cela m'a beaucoup aidé.

Les professeurs se montrèrent compréhensifs, d'autant plus que j'étais très discipliné en classe. En fait, j'avais deux « talents » que je tentais d'exploiter au maximum : une grande timidité et des capacités surprenantes en mathématiques.

À sept ou huit ans, j'avais compris que je pouvais m'en sortir en étant extrêmement gentil et en travaillant fort pour obtenir des notes potables en mathématiques.

Bizarrement, je ne me suis jamais découragé malgré mes résultats minables, dans à peu près toutes les matières, et les humiliations que me faisaient subir les autres élèves, qui me maintenaient à l'écart.

UN HANDICAP

En plus de mes difficultés scolaires, j'avais un handicap majeur: je n'étais pas doué dans les sports comme l'étaient mes frères et mes amis. Pour un garçon, ça peut être un problème important dans la cour d'école.

Pourtant, en ne lâchant jamais prise, en m'accrochant en dépit des mauvaises notes, des remarques blessantes de certains professeurs et du rejet des autres enfants, je suis parvenu à passer au travers. Et cela m'a procuré plus de maturité et une capacité à faire face à l'adversité. On appelle cela de la résilience aujourd'hui.

UNE COURSE À OBSTACLES

Le secondaire a été pour moi comme une course à obstacles. Des hauts et des bas, beaucoup plus de bas que de hauts.

La même situation s'est reproduite à la polyvalente. Les professeurs ne comprenaient pas pourquoi j'avais de si mauvaises notes malgré ma conduite exemplaire et mes efforts évidents en classe. Heureusement, j'avais de bons résultats en mathématiques et en sciences, ce qui colmatait un peu les brèches.

LES ÉCHECS

« Moins 250 % ! Ferland, tu t'es encore surpassé ! » C'était comme cela chaque semaine, en français, lorsque la professeure de première secondaire remettait les notes des dictées. Certaine que je faisais exprès d'écrire avec autant de fautes, elle attendait que je vienne chercher ma copie devant tous les élèves qui riaient à gorge déployée.

Comment se relever de tels affronts ?

Trois événements majeurs m'ont aidé à persévérer dans les études malgré toutes les humiliations, l'intimidation et le rejet.

LE MODÈLE

Tout au début du secondaire, le père d'un de mes meilleurs amis nous avait emmenés, son fils et moi, au travail un jour où nous n'avions pas de cours. Monsieur Jean était physicien au centre de recherche de l'Institut national de la recherche scientifique à Varennes, sur la Rive-Sud, dans la région de Montréal. Il travaillait sur la fusion nucléaire dans des laboratoires dignes des meilleurs films de science-fiction. C'était l'embryon du projet Tokamak.

En faisant le tour du centre, nous avions contemplé des rayons laser multicolores qui traversaient d'immenses pièces, des miroirs gigantesques en or qui reflétaient de la lumière en faisceaux concentrés, des appareils sophistiqués, dispendieux et fascinants. Immédiatement, j'ai eu le coup de foudre pour cet univers.

Ce modèle de profession m'a habité longtemps. Je voulais être physicien à 12 ans sans savoir véritablement ce que cela exigeait comme études. Quand j'ai suivi mes premiers cours de physique à la fin du secondaire, j'avais déjà le désir de briller dans cette discipline plus que toute autre chose.

LE SPORT

Un autre événement est parvenu à me maintenir aux études en dépit de mes résultats scolaires sous la moyenne. J'ai commencé à faire bonne figure dans un sport, le tennis, ce qui m'a permis de prendre confiance en moi. J'ai ainsi acquis la reconnaissance des autres à travers la pratique de ce sport.

Cette valorisation m'a amené à croire en mes capacités, du moins physiquement. De plus, sur un court de tennis, je pouvais évacuer les frustrations liées à l'école et aux mauvaises notes.

L'AMITIÉ

La présence de quelques amis qui avaient aussi des difficultés scolaires, mais qui travaillaient d'arrache-pied pour ne pas échouer, a été le dernier élément qui m'a permis de m'accrocher et de ne pas abandonner l'école. Malgré les moqueries des sportifs et des élèves obtenant de meilleures notes, notre petit groupe s'épaulait et se réconfortait.

Quand l'un de nous avait des difficultés dans une matière dans laquelle un autre avait plus de facilité, nous nous entraidions. Nous nous encouragions également à persévérer en nous racontant qu'Einstein et d'autres hommes célèbres avaient aussi eu des difficultés à l'école.

L'ÉCLOSION

C'est au cégep que j'ai véritablement raccroché. J'étais sur le point de tout abandonner pour aller sur le marché du travail lorsqu'on m'a finalement admis.

Les cours de philosophie au collégial m'ont ouvert les yeux sur mes lacunes scolaires et sur les portes qui se fermeraient devant moi si je ne remédiais pas à la situation.

J'ai compris que si je ne faisais pas d'efforts pour mieux écrire, mieux organiser ma pensée, enfin pour me surpasser à l'école, je n'irais pas très loin dans la vie.

Un professeur de philosophie m'a d'ailleurs dit que je deviendrais sûrement un excellent physicien de laboratoire, mais complètement détaché du monde et sans la moindre capacité de m'exprimer dans ma langue maternelle.

Le système scolaire avait fait de moi un « demi-civilisé », pour reprendre l'expression d'un de nos grands auteurs.

LA PERSÉVÉRANCE

J'ai alors pris le taureau par les cornes en suivant des cours d'appoint en français à l'université. Malgré mon admission en physique, j'ai abandonné cette matière pour m'inscrire en philosophie, espérant ainsi acquérir les connaissances nécessaires pour organiser mes idées et m'ouvrir davantage au monde qui m'entourait.

J'ai lu trois grammaires d'une couverture à l'autre et rédigé tant bien que mal des dissertations pour mes cours de philosophie. Mon amoureuse m'a aidé à apprivoiser et à aimer ma langue maternelle.

Après cinq ans de laborieux efforts, à 25 ans, je pouvais enfin écrire convenablement des articles, qui ont été publiés dans des quotidiens montréalais.

LES RÉUSSITES

C'est ainsi, en persévérant, sans abandonner les études, que je suis devenu journaliste au *Devoir*, puis professeur de littérature et de philosophie au cégep. J'ai aussi conçu des cours pour le Cégep à distance, rédigé un manuel de philosophie, un guide d'activités d'apprentissage, ainsi que de nombreux articles pour des journaux et des revues.

Tout cela parce que j'ai cru en mes capacités et poursuivi mes rêves.

Persévérez et prenez tous les moyens mis à votre disposition pour vous accrocher à l'école. Ne lâchez surtout pas, les gars !

➔ EMMANUEL LAUZON

Auteur, médiateur culturel et conférencier, Emmanuel Lauzon est un hyperactif passionné par le sport, les arts et la culture, la science, la psychologie, la politique, la sociologie et les voyages.

Diplômé en animation et recherche culturelles de l'Université du Québec à Montréal, il a travaillé comme animateur et coordonnateur d'événements, intervenant sociocommunautaire et animateur en participation citoyenne.

En 2011, il se lance dans l'écriture et publie, en collaboration avec Nicolas Lamy, *Pou-Ah*! et *Opération Sauve qui pou*, ses deux premiers romans jeunesse (Cornac, 2012; 2013), suivis par *La rage de vivre,* qui raconte l'histoire de Vincent, qui, comme des milliers d'adolescents, souffre d'un TDAH (Éditions de Mortagne, 2014). Dès 2016, il décide de se consacrer exclusivement à sa carrière d'auteur et multiplie les publications: *TAGuée, ToxiK* (Éditions de Mortagne, 2015; 2018) et la série *Objectif: L'impact* (Éditions de la Bagnole, 2017). Il participe à divers événements littéraires, en plus d'offrir des conférences un peu partout au Québec, au Nouveau-Brunswick et plus récemment en France.

Il travaille présentement à l'écriture d'un spectacle d'humour dans lequel il traite de littérature, d'enjeux sociaux, de paternité, de physique quantique et autres obscurs sujets.

LA REVANCHE DU CANCRE

EMMANUEL LAUZON

Salut.

Tu as lâché l'école ou tu songes à le faire ? Je te comprends. Vraiment. Je te comprends parce que je l'ai moi-même fait à l'âge de 16 ans.

Lorsqu'on m'a approché pour participer à ce livre, je n'avais qu'une seule crainte : que tu me prennes pour un genre de coach de vie à cinq cennes qui se permet de te faire la morale à propos de l'importance d'avoir un diplôme secondaire. Oublie ça. C'est pas mon style. Tu veux lâcher l'école ? Vas-y. Ça te fera peut-être du bien de prendre un peu de recul. En tout cas, moi, j'en ai eu besoin.

Mon parcours n'est pas plus intéressant que le tien, mais j'ai aujourd'hui la chance d'évoluer dans un milieu où l'on m'offre des tribunes pour m'exprimer. Alors c'est ce que je fais. Je t'invite donc à lire ce texte, dans lequel je me confie à propos de mon histoire, de mes opinions et de mes expériences en lien avec mon cheminement scolaire et professionnel.

Commençons par un cri. Imagine-toi que je lâche un puissant hurlement de rage. Ça donnera le ton pour ce qui suit.

RAAAAAAAAH !!!

Voilà. Entre 16 et 19 ans, j'étais crieur dans un groupe de hardcore-punk amateur. Je rêvais de faire carrière en musique. Je vomissais ma colère dans un micro avec des textes écrits dans un anglais douteux. C'était quand même mieux que si je les avais écrits en français. Je trouvais ma langue maternelle trop compliquée : j'avais du mal à conjuguer un verbe et je faisais une faute d'orthographe tous les trois mots. J'haïssais lire et écrire… sauf des paroles de chansons en anglais.

Aujourd'hui, je suis écrivain et je me passionne pour la littérature. Si je pouvais voyager dans le temps, j'irais remettre une copie de chacun de mes romans à mon moi de 15 ans. Je paierais cher pour voir la tête qu'il ferait en voyant son nom sur la couverture d'un livre. Et il n'y a pas que lui qui serait étonné. Pour tout te dire, PERSONNE dans mon entourage n'a déjà pensé que je deviendrais auteur un jour.

Sportif, comédien ou animateur à la télévision sont des métiers qui correspondaient davantage à ma personnalité : grande gueule et incapable de tenir en place.

Vois-tu, à l'âge de sept ans, on m'a diagnostiqué un trouble du déficit de l'attention avec hyperactivité (TDAH, pour les intimes). En classe, j'avais beaucoup de mal à maintenir mon attention et à rester assis sans bouger. Quinze minutes et je n'en pouvais plus. Je devais être actif : parler, courir, créer, inventer. Je détestais l'école. Avec la médication et les cours privés de soir que mes parents me payaient, j'ai pu réussir mon primaire avec des résultats, disons… moyens. Ça s'est gâché au secondaire. Je n'en pouvais plus de rester bien sagement sur ma chaise. J'en ai eu assez de bûcher deux ou trois fois plus que les autres pour arriver à des résultats semblables, voire inférieurs. J'en ai eu assez de perdre mon temps en classe à étudier pour obtenir un diplôme alors que je n'avais aucune idée de ce que je voulais faire dans la vie. J'étouffais dans ce cadre scolaire conçu pour la majorité. J'ai commencé à abandonner en deuxième secondaire. Ça s'est fait de façon progressive. J'ai doublé. Puis triplé. J'ai officiellement lâché lorsque j'ai su que je n'avais, une fois de plus, aucune chance de réussir mon année. J'ai lâché avant de quadrupler. Pour éviter la honte. Mais, au final, ça revient au même : j'aurais quadruplé de toute façon.

Quadrupler ! Faut le faire, quand même. Ça prend vraiment un idiot pour quadrupler la même année, non ?

Non.

J'ai toujours été une personne curieuse. J'aime tout savoir sur tout. Musique, physique quantique, politique, *name it* ! Ma soif de connaissances n'a d'égal que mon appétit pour l'expérimentation. C'est assez typique chez les gens qui ont un TDAH. Tout comme l'impulsivité, la difficulté à accepter l'autorité et l'horreur de la routine. Ces caractéristiques me décrivaient très bien. Encore aujourd'hui, d'ailleurs. Malheureusement, puisque ces traits de personnalité faisaient de moi quelqu'un de difficile à « gérer », ils ont toujours été perçus comme des défauts par les adultes en autorité. Mon comportement avait donc un effet négatif sur mes résultats scolaires. J'ai longtemps cru que j'étais tout simplement stupide. Je sais maintenant que ce n'est pas le cas ; ce n'est pas une question d'intelligence. Toutefois, pour que j'apprenne et que j'assimile bien la matière, il faut que ça se fasse à ma manière : je dois pouvoir choisir quoi, quand, comment, pendant combien de temps, où et pourquoi je le fais. Cette façon de faire est à l'opposé du fonctionnement des écoles traditionnelles, où l'on doit respecter un horaire qui détermine à quelle heure de quelle journée il faut étudier quelle matière. Un cadre bien défini conçu pour former plus ou moins rapidement un maximum d'élèves. La plupart de ceux-ci arrivent généralement à suivre et à s'adapter au moule. D'autres non. Comme moi. Et peut-être toi aussi.

Heureusement, j'ai eu la chance d'être dirigé vers un établissement scolaire différent, marginal même. Une école alternative, avec de plus petites classes, un horaire flexible, un enseignement personnalisé et aucune contrainte de temps dans la progression des apprentissages. Pour ma part, cette approche a fait des miracles. À coups de petites réussites, j'ai repris confiance en moi et j'ai progressivement retrouvé ma motivation. C'est aussi un peu grâce à cette école que ma vie a pris une nouvelle direction. Je ne m'en suis pas rendu compte à ce moment, mais ce que je croyais être une simple discussion avec mon enseignante de français a semé en moi l'idée de devenir écrivain. Ce n'est que plusieurs années plus tard que ses mots ont commencé à prendre leur sens. Je me rappelle encore la scène. En me remettant sa correction de ma production écrite, ma prof m'a posé une question qui m'a fait éclater de rire : « As-tu déjà pensé devenir écrivain ? » Bien sûr que non. J'étais nul en français et je n'avais aucun intérêt pour la littérature. Aussi, pour tout te dire, j'avais d'énormes préjugés envers les écrivains. Je les imaginais snobs, difficiles d'approche, antisociaux et même un peu… malpropres. Je te rassure : ce n'est absolument pas le cas. Tous mes amis auteurs et mes amies autrices sont humbles, sociables, dynamiques… et je n'ai jamais eu à me plaindre de leur odeur !

Bref, quand l'enseignante m'a dit que j'avais du talent pour écrire, je l'ai trouvée bien drôle ; sa correction de mon texte m'indiquait pourtant que j'avais encore beaucoup de chemin à faire pour bien écrire le français. « La maîtrise de la langue, ce n'est qu'un outil, a-t-elle ajouté. Imagine un charpentier-menuisier qui possède tous les outils du monde, mais qui n'a aucun talent. Moi, en tout cas, je ne l'engagerais jamais pour faire des travaux dans ma maison. Toi, tu as un grand talent pour conter des histoires, faire réfléchir et faire vivre des émotions. Il te manque seulement quelques outils dans ton coffre. La bonne nouvelle, c'est que des outils, ça se trouve, ça s'acquiert. Mais pas le talent. »

Est-ce que j'avais envie d'aller les chercher, ces outils ? Pas vraiment. N'empêche que ces mots sont restés gravés dans ma mémoire.

J'ai poursuivi mes études à mon rythme, sans trop savoir ce que je voulais faire dans la vie. J'avais abandonné l'idée d'obtenir mon diplôme au même âge que la plupart de mes amis. Ça m'aurait servi à quoi ? Je n'avais aucune réelle ambition, aucun projet professionnel. Le premier déclic s'est fait lorsque j'ai trouvé un emploi à temps partiel comme animateur pour une compagnie qui organisait des événements. Pour la première fois de ma vie, je faisais une chose pour laquelle j'étais doué : parler. Avant, on me mettait dehors de la classe à cause de ma grande gueule, là, j'étais payé pour l'ouvrir.

J'ai finalement décroché mon diplôme à l'âge de 20 ans. Moi, pour qui les études avaient toujours été synonymes d'échec et de honte, j'avais réussi… et j'en étais vraiment fier. Fier de constater que je n'étais peut-être pas aussi stupide que je le croyais. Sauf que je n'y serais jamais arrivé dans une école régulière. J'ai eu la chance de trouver un établissement scolaire à proximité de chez moi qui faisait les choses différemment. Malheureusement, des endroits comme celui-ci ne se trouvent pas à chaque coin de rue, encore moins lorsque l'on sort de la grande région de Montréal. Je le répète : j'ai eu de la chance. Ma réalité d'aujourd'hui aurait pu être tout autre si je n'étais pas passé par cette voie alternative.

Mais c'est arrivé…

Après ma graduation, j'ai continué de travailler en animation ; je commençais même à songer à en faire une carrière. Mes tâches et responsabilités correspondaient parfaitement à ma personnalité et à mes intérêts. Au bout de quelques années, voyant que je commençais à avoir de l'ambition, mon patron m'a suggéré de m'inscrire à l'université en animation culturelle. Mais qu'est-ce que ces gens avaient à voir en moi un potentiel d'intello ? Auteur, universitaire… Et puis quoi encore : Prix Nobel de la paix ? Je n'avais même pas fait de cégep ! Mon employeur, convaincu que je pourrais gravir les échelons de son entreprise pour devenir concepteur et coordonnateur d'événements, m'a expliqué qu'à partir de l'âge de 21 ans, il était possible d'entrer à l'université avec deux années d'expérience dans un domaine professionnel connexe au programme d'étude choisi. Je n'y croyais pas. Lui, oui. Par simple curiosité, je suis allé regarder le programme. J'ai été très surpris par la diversité des matières. Il y avait bien sûr des cours magistraux, mais plusieurs autres étaient axés sur l'action. Ça m'a semblé très intéressant. Rien à voir avec les matières enseignées au secondaire. Sur un coup de tête, j'ai décidé de m'inscrire. J'ai toujours été impulsif… et j'en ai souvent payé le prix. Dans ce cas-ci, je ne m'inquiétais pas trop des conséquences puisque j'étais certain de recevoir une réponse négative. De toute façon, je n'étais même pas certain de réellement vouloir m'engager dans des études. Je ne te dis pas ma surprise lorsque j'ai reçu ma lettre d'acceptation. Moi, le cancre, le «quadrupleur»… à l'université? C'était absurde. Par principe, juste pour dire que j'aurais assisté ne serait-ce qu'à un seul cours d'enseignement supérieur, j'ai entamé ma première session. Puis, je l'ai terminée. Pareil pour la deuxième. Et la troisième. J'adorais ça. C'était tellement différent de l'école secondaire.

Côté boulot, mon employeur commençait à me donner de plus importantes responsabilités: coordination d'événements et animation de grandes foules. Mon travail commençait vraiment à me stimuler. J'ai eu envie que mes animations soient plus *punchées*, mieux construites. Sans prétention, sur le coin d'une table, je me suis mis à écrire des sketches et de courts monologues. Je les testais ensuite devant public, puis je les retravaillais: je changeais un mot ici, j'ajoutais un adjectif là. Rapidement, j'ai compris la puissance de la langue lorsqu'on veut conquérir un auditoire. Mes lacunes en français commençaient à me déranger. Puis, un jour, la discussion que j'avais eue avec mon enseignante m'est revenue. Des outils. J'avais besoin d'outils. L'université que je fréquentais offrait un cours de français écrit. Je m'y suis inscrit. Soudain, ma bête noire n'était plus si noire. Maintenant que j'avais un but et qu'une bonne maîtrise du français s'avérait utile pour moi, l'apprentissage de cette langue m'apparaissait beaucoup plus motivant.

Je te mentirais si je te disais que ç'a été facile. J'ai dû faire de gros efforts de concentration, mais lorsque je n'en pouvais plus, je sortais de mon cours pour aller marcher et m'aérer le cerveau. À l'université, en tant qu'adulte, j'avais le loisir de quitter la classe si je jugeais que ça ne me servait à rien de rester. Je te l'ai déjà dit, mais je te le répète, car c'est vraiment important : pour réussir, j'avais besoin d'un cadre flexible. Et c'est encore le cas aujourd'hui.

Comme auteur et travailleur autonome, je passe plusieurs heures par semaine devant mon ordinateur. Pour arriver à me concentrer et à être efficace, je dois fréquemment entrecouper mon travail de mille et une petites tâches ou activités : ménage, jogging, courriels, vaisselle, appels téléphoniques, petites rénos dans ma maison, conférences ou animation d'ateliers littéraires. Ce n'est pas toujours possible, mais la plupart du temps, je suis libre de décider quand je m'arrête et quand je recommence. Dès que je peux butiner ici et là, segmenter mon temps de travail, je deviens hyper efficace. Pour moi, cette flexibilité est essentielle à mon épanouissement professionnel (et personnel). Elle a aussi été déterminante dans l'obtention de mon diplôme d'études secondaires. Cette école alternative où je suis allé a su s'adapter à moi, à mes besoins en matière d'apprentissage. C'est malheureusement trop rare.

Dans son ensemble, le système scolaire n'arrive pas à s'ajuster à la réalité de tous. Même avec les meilleures intentions du monde, les enseignantes et enseignants ne peuvent pas faire de miracles. Le manque de ressources dans le réseau public est trop grand. Les récentes coupes budgétaires en éducation ont aggravé le problème. Et toi, pendant ce temps, tu as du mal à suivre, tu te décourages et tu songes à lâcher. Et moi, je te comprends.

Comme je te le disais au début, je n'ai pas l'ambition de te convaincre de poursuivre tes études. Ce choix t'appartient. J'espère toutefois être parvenu à te faire comprendre que tes difficultés et tes échecs scolaires n'ont pas nécessairement rapport avec ton potentiel, ton intelligence ou tes capacités. Tu ne *fittes* pas dans le même moule que la majorité. Je ne te connais pas, mais je suis convaincu que tu as tout ce qu'il faut pour réussir. Encore faudrait-il qu'on te donne les bons outils. J'espère que tu les trouveras. Sincèrement.

Il ne me reste qu'à te souhaiter bon courage.

→ MARC HERVIEUX

Depuis 2009, Marc Hervieux nous a gâtés avec neuf albums aux couleurs pop ou classiques, couronnés de trois disques d'or et de trois prix Félix, dont deux pour l'*album de l'année* dans la catégorie *classique/vocal.* Dans la foulée de ces disques toujours très appréciés du public, Marc a parcouru le Québec, à plusieurs reprises, en compagnie de ses musiciens.

Au cours de sa carrière, le ténor s'est fait entendre sur la scène internationale en répondant à de nombreuses invitations prestigieuses qui l'ont mené de Saint-Pétersbourg à Paris, en passant par Séoul, Metz, Minneapolis-Saint Paul, Malaga et Taïwan, entre autres scènes.

Artiste polyvalent, Marc est aussi présent à la télévision et à la radio. Après avoir animé le magazine quotidien *Cap sur l'été* deux années de suite, il a transposé sa bonne humeur et son savoir musical dans l'émission de variétés *Virtuose*, présentée à Radio-Canada. Au microphone de Radio-Classique pendant quatre ans, on peut maintenant l'entendre sur les ondes de ICI Première, ICI Musique, ICI Classique.

Y A PAS DE SECRET POUR RÉUSSIR, FAUT TRAVAILLER…

MARC HERVIEUX

Bien honnêtement, j'ai peur… J'ai plus peur devant cette page blanche que lorsque je me retrouve à chanter devant des dizaines de milliers de personnes. Durant l'écriture de ce texte, je me serai arrêté souvent. Pourquoi ? Simplement parce que l'exercice me rappelle des années difficiles, des années d'acharnement, de dur labeur. Mais, malgré tout, je fonce, aujourd'hui comme autrefois.

J'ai vécu une enfance heureuse dans le quartier Hochelaga-Maisonneuve, dans l'est de Montréal. Mon père, un ouvrier, travaillait à l'usine de sucre, au port de Montréal. Ma mère, quant à elle, était couturière à la chaîne dans une usine d'uniformes de travail. Produire, produire vite. À partir de la maternelle, j'ai dû me rendre à l'école seul, à pied, revenant à la maison le midi pour le dîner puisque, à cette époque, on mangeait chez soi. Comme mon frère était plus âgé que moi, et mes sœurs, dans une autre école, j'ai dû m'habituer rapidement à me débrouiller tout seul. J'aimais parcourir ce chemin matin, midi et soir. Tout cela fut bénéfique pour mon avenir.

Pour moi, ce qui était difficile à l'école, c'était les matières théoriques. Je devais travailler très fort pour arriver au résultat que l'on attendait de moi, surtout en mathématiques. Il faut dire que j'avais déjà en tête le théâtre, la musique, tout ce qui touchait le milieu culturel… Eh oui, je savais déjà que c'était ce que j'avais envie de faire dans l'avenir. Pourtant, il n'y avait rien de cela à la maison, rien qui me guidait vers le monde des arts.

Très jeune, je me disais qu'il fallait que je fasse tout ce qui était en mon pouvoir pour me rendre heureux à l'école et passer à travers. Dès l'école primaire, malgré mon jeune âge, j'ai eu la chance d'évoluer dans des établissements où les membres de la direction étaient ouverts à mes idées originales.

Après avoir conçu, écrit, mis en scène, puis réalisé décors et costumes pour de petites pièces de théâtre – où je m'étais bien évidemment donné le rôle principal –, j'allais voir les gens de la direction, les suppliant pour que tous les élèves et enseignants viennent voir ma pièce. Mon directeur me soutenait dans mes projets en me permettant de présenter mes créations dans le grand gymnase. Incroyable chance que j'ai eue. C'est ce respect envers ma créativité qui m'a motivé à fournir les efforts nécessaires pour réussir dans les matières scolaires. Chaque année du primaire, j'ai pu produire ma pièce de théâtre !

Au secondaire, mon implication en théâtre et en musique a été de plus en plus grande. À l'école, j'animais également tous les galas imaginables. Nous allions même jusqu'à fabriquer des projecteurs d'éclairage à partir de feuilles de métal, et ce, en collaboration avec les professeurs d'électricité. Oui, je sais, des cours qui n'existent malheureusement plus… C'était quand même il y a 40 ans. Afin de nous aider à fabriquer ce dont nous avions besoin pour nos modestes productions, et malgré le fait qu'ils étaient en vacances d'été, certains professeurs avec qui je m'étais lié d'amitié donnaient de leur temps à des ti-culs d'Hochelaga-Maisonneuve pour mener à terme de fabuleux projets. Durant tout le secondaire, nous avons utilisé ces équipements pour chacun des spectacles que nous faisions (pièces de théâtre, galas et événements divers) avec l'aide de certains professeurs très impliqués : M. Dubois, le prof d'anglais, Mme Levasseur, M. Laplante, le prof de musique, et j'en passe…

Puis est arrivée l'étape du cégep. Cela a été excessivement difficile…

Fini les projets artistiques.

Ce qui devait arriver arriva…

J'ai décroché.

Des années plus tard, je me suis dit que j'avais un rêve et que je me devais de le réaliser. Ou, à tout le moins, de prendre tous les moyens pour voir si c'était réalisable.

J'ai alors passé les auditions pour entrer au Conservatoire de musique de Montréal et dans les facultés de musique des universités. La réponse a été incroyable : j'étais accepté partout ! Le Conservatoire de musique de Montréal était mon premier choix. J'y ai étudié durant cinq ans le chant classique. Même si j'étais alors convaincu de me retrouver au bon endroit au bon moment, cette formation a été ardue. J'ai réalisé que je m'y étais pris un peu tard et que je ne savais même pas lire la musique. Et que dire de mes connaissances en langues étrangères, puis du solfège, difficile pour moi et surtout ennuyant à mourir ! Tous les éléments étaient réunis pour me mener vers un second décrochage. Puis, encore une fois, c'est la rencontre de professeurs passionnées et d'artistes extraordinaires, qui m'ont soutenu et encouragé, qui m'a permis de continuer à croire à mon rêve.

J'ai peut-être suivi un long chemin pour simplement vous dire que, parfois, la route est sinueuse, longue et cahoteuse. Mais souvent, elle en vaut la peine. Si je n'avais pas persévéré, une chose est certaine, je n'aurais pas réussi. J'ai bûché, j'ai travaillé, je n'ai jamais abandonné. J'ai rapidement compris que l'union fait la force, et qu'il faut aller chercher de l'aide, collaborer avec les bonnes personnes, celles qui nous permettent d'aller plus loin et d'abattre tout le boulot nécessaire à la réussite. Ce que je veux surtout, c'est dire que la vie n'est pas toujours un conte de fées. On peut passer par toute la gamme des émotions, vouloir lâcher 1000 fois, mais un jour, on poussera un grand soupir de satisfaction d'être allé au bout de tout ça.

Ce soupir, je te le souhaite.

Pas celui de découragement, celui du sentiment d'avoir tout donné, du devoir accompli.

→ CLAUDE LAROCHE

Improvisateur, metteur en scène, enseignant et acteur, Claude Laroche compte plus d'une cinquantaine d'années d'expérience à la télévision, au cinéma et au théâtre. Lauréat d'un prix Gémeaux pour son rôle de « mononc' Fred » dans la série télévisée *Les Bougon, c'est aussi ça la vie,* il a appris son métier « sur le tas » après avoir abandonné ses études à l'École nationale de théâtre du Canada en 1968, frustré par la conception trop classique de l'enseignement.

TROIS FOIS PASSERA...

CLAUDE LAROCHE

Laisser l'école, c'est pas la fin du monde, surtout la troisième fois. Une troisième fois qui fut la bonne, d'ailleurs, car je n'ai pas remis les pieds à l'école depuis, sauf pour enseigner. Mais commençons par le commencement.

J'avais 20 ans et j'avais toujours été un bon petit étudiant, avec de bons résultats, un peu indiscipliné sur les bords, un peu farceur, mais jamais rien de grave. J'avais obtenu mon baccalauréat ès arts avec honneur, comme on dit, après huit années passées sur les bancs très élitistes d'un collège classique de Québec. J'étais destiné à faire partie de la crème de la société, l'université m'attendait, je n'avais qu'à choisir ma branche, mon ruban comme on disait à l'époque. Pour moi, ce fut le ruban blanc, celui de ceux qui ne savent pas trop, qui incluait des disciplines bizarres comme la sociologie ou la psychologie, qui fut mon choix par défaut. Après quatre mois, j'ai fini par découvrir que la psychologie pouvait aussi être industrielle ou commerciale, et servir surtout les intérêts des plus forts. Je voulais sauver des âmes, on m'apprenait à les mesurer, à les manipuler. J'ai décroché : prise un.

À cette époque, l'École nationale de théâtre faisait le tour du pays pour recruter de futurs étudiants. Je me suis inscrit aux auditions itinérantes. J'avais lu le magnifique prospectus qui promettait un lieu de création unique et une grande aventure dans les arcanes de l'art et de la gloire. J'ai été accepté. Me voilà donc quelques mois plus tard dans la grande ville, dans la grande École, encore une fois choisie pour faire partie de l'élite, l'élite de l'art, le fin du fin de l'intelligentzia créatrice. Les cours étaient merveilleux, et plus merveilleux encore les après-cours, à la taverne Cherrier, à boire de la bière soir après soir à la table du grand Gauvreau, qui régnait tel un orignal sur sa cour de peintres et de poètes.

Et ce qui devait arriver arriva. En deuxième année, après des mois d'un régime hallucinatoire fait d'herbe, de mescaline et de boissons diverses, je me suis retrouvé couché dans le gazon du carré Saint-Louis, les yeux exorbités et la tête en compote, incapable de traîner ma jeune carcasse jusqu'à la salle de cours, surtout que, ce matin-là, c'était ballet classique.

Après quelques jours d'un questionnement vaporeux, j'ai fini par me rendre chez le directeur pour lui annoncer, la larme à l'œil, que je lâchais l'école. Pour des raisons personnelles. Prise deux.

Me voilà de retour à Québec, plein de honte et de remords. L'enfant prodigue a tout raté. L'artiste s'est cogné le nez sur la réalité. J'essaie tant bien que mal de me glisser dans la bohème de la Vieille Capitale, mais le cœur n'y est plus. Mes anciens amis du collège sont en voie de devenir avocats, médecins, ingénieurs. Je les perds de vue. Je survis. J'aide mon père à la tabagie, je me tape tous les mardis le festival Bergman à la télévision, le vendredi, je cours au cinéma Empire voir le nouveau programme, je lis jour et nuit, je me cultive, je me fais ma petite école personnelle, sans guide ni examens. Et voilà qu'arrive mon sauveur, Jack Kerouac, le grand beatnik en chef. Je dévore *Sur la route* en 12 heures, je fais mon baluchon et je pars sur le pouce pour San Francisco. C'est le satori, la révélation.

On est à l'automne 1968. Je traverse Detroit en ruine et Chicago en ébullition. Pendant que la Garde nationale à cheval poursuit Angela Davis et ses amis, je m'enfonce déjà dans les champs de blé d'Inde du Midwest, je traverse les Rocheuses dans la décapotable d'un fils à papa et j'aboutis à Frisco, eldorado de mes espoirs retrouvés. De l'autre côté de la baie, à l'université de Berkeley, c'est l'occupation étudiante, une fête comme c'est pas possible, tout le monde dehors, tout le monde tout nu. Comme la jeunesse française au printemps, la jeunesse américaine se réveille et prend possession de la rue. Que se passe-t-il chez moi, dans mon Québec bien-aimé ? Je dois le savoir. Il faut que je rentre, que je retourne à l'école. C'est là que ça se passe. Vite, vite, Seattle, Vancouver, Saskatoon, Winnipeg, Montréal, je retourne au bureau du directeur et lui demande de me reprendre. Et l'École me reprend. Merci !

Puis, quelques jours après mon retour, je rencontre des camarades de l'École des beaux-arts, du Collège Lionel-Groulx, des écoles d'architecture et de musique. On se réunit, on jase, on discute. Tranquillement pas vite (mais plutôt vite, je l'avoue), on passe de la jasette à la revendication, à l'exigence, et à l'ultimatum. Me revoilà chez le directeur, avec toute ma classe cette fois. On veut créer notre théâtre, dans notre langue, un théâtre du peuple, par le peuple et pour le peuple. On veut faire ce qui est annoncé dans le prospectus. Le directeur nous écoute, reçoit nos doléances, fait beaucoup de concessions, mais ce n'est jamais assez. On veut tout, on veut la classe, on veut la rue. Plus moyen de moyenner, la jeunesse n'a pas de milieu, on fait bloc, on quitte l'école : prise trois.

Au baseball, après trois prises, t'es mort. Pas dans la vie. Je ne suis pas mort d'avoir trois fois lâché l'école. Je suis juste devenu plus fort, plus résistant, un vrai rhinocéros. À mes enfants, à mes petits-enfants, je dis que l'école, c'est important, que sans éducation on ne va nulle part. Je fais mon bon papa, mon sage grand-papa. Mais, au fond, ce que je leur dis sans le dire, c'est que l'école sans conviction, ce n'est pas trop fort non plus. La conviction, l'engagement, la faculté de rêver et de poursuivre ses rêves contre vents et marées, voilà ce qui forme vraiment la jeunesse. C'est un programme de vie jamais périmé. C'est la clé du succès, un succès qui n'a rien à voir avec la gloire ou l'argent, encore moins avec les diplômes, et qui ne se mesure vraiment qu'au plus profond de soi. Comme disaient les curés de mon enfance, c'est la grâce que je vous souhaite.

DE L'IMPORTANCE DE LA MAIN TENDUE

→ STEVE BÉGIN

Né en 1978, Steve Bégin a connu une belle carrière au sein de la Ligue nationale de hockey (LNH), de 1996 à 2014. Lauréat des trophées Jacques-Beauchamp et Jean-Béliveau, il a disputé plus de 520 matchs de saison régulière avec les Flames, le Canadien, les Bruins et les Predators. En 2017, alors âgé de 39 ans, il décide de reprendre ses études et de finir son secondaire. Il est aujourd'hui vice-président de Nobesco, une firme d'ingénierie civile, en plus d'être entraîneur adjoint dans la LHJMQ et analyste de hockey sur les ondes de RDS.

DONNE-TOI DANS TES ÉTUDES !

STEVE BÉGIN

Lorsque j'ai pris la décision de lâcher l'école à 17 ans, je jouais avec les Foreurs de Val-d'Or dans la Ligue de hockey junior majeur du Québec (LHJMQ). J'étais convaincu que, plus tard, je jouerais dans la Ligue nationale de hockey (LNH). Je croyais en mes chances, même si elles étaient vraiment minimes[4]. J'étais convaincu que j'avais les atouts, la force de caractère et la discipline pour y arriver, je travaillais beaucoup et j'étais certain qu'en n'ayant pas peur, qu'en fonçant, j'allais faire ma place. Je croyais beaucoup en mes chances !

Mais quand je suis allé voir mon entraîneur (Richard Martel) pour l'informer de ma décision d'abandonner l'école pour me concentrer uniquement sur le repêchage, lors des séries qui approchaient, son premier réflexe a été de me dire : « Non, tu retournes à l'école, au moins le temps des séries, je ne veux pas que tu lâches l'école ! »

J'ai continué les cours pendant un mois, mais je voulais jouer uniquement au hockey et surtout mettre toutes les chances de

4 NDLR : Seulement 0,2 % des joueurs de ligue junior majeur ont des chances d'être repêchés par une équipe de la LNH.

mon côté en vue du repêchage. Je savais que je ne pouvais pas me « planter » dans mes cours, parce que j'aurais eu beaucoup de rattrapage à faire, d'autant qu'aller à l'école a toujours été difficile pour moi. Mais je pensais seulement au hockey et je ne mettais pas les efforts nécessaires pour bien réussir en classe.

À l'école, je faisais du surplace et n'avais aucun plaisir. Il faut dire aussi que j'ai grandi dans un milieu défavorisé, personne ne m'aidait ou ne me poussait dans mes études. Lorsque j'ai dit à mon père que je souhaitais lâcher l'école, il a été d'accord avec moi. À l'époque, les cours à distance et l'encadrement n'étaient pas comme aujourd'hui, c'était plus compliqué sur le plan logistique. Et je n'avais pas la tête aux études. Je le regrette encore. C'est pourquoi je dis aux jeunes de continuer l'école, de ne pas lâcher. L'école peut être un tremplin pour avancer au hockey, et on ne sait jamais ce qu'il peut se passer. On a toujours besoin de diplômes, de reconnaissances scolaires. Mon seul conseil : donne-toi dans tes études si tu veux avancer !

Lorsque j'étais jeune, il y avait peu d'options : il y avait l'école, et tu devais t'y présenter pour suivre les cours. Aujourd'hui, on n'a plus de raisons de lâcher l'école, il y a tellement de possibilités et de programmes facilitant les études à distance. Mais il faut vraiment souhaiter réussir et ça demande un minimum d'efforts et de motivation. Il n'y plus aucune raison de lâcher, tous les outils sont là, en particulier avec les nouvelles technologies, pour t'aider à avancer sur le plan scolaire tout en pratiquant ton sport. C'est plus facile ! En quelques clics, tu peux suivre des cours, faire tes travaux et recevoir une évaluation en ligne.

Aujourd'hui, plusieurs ligues de hockey incitent les jeunes à poursuivre leurs études, c'est même une obligation. Je suis présentement coach adjoint dans la LHJMQ et tout est axé sur l'école. C'est fantastique. Non seulement tu ne peux plus lâcher, mais tu DOIS être scolarisé pour jouer dans la LHJMQ, quels que soient l'endroit d'où tu viens et ta langue maternelle. On a des joueurs qui viennent d'Europe, des pays de l'Est, et des États-Unis et ils doivent tous suivre des cours; certains sont inscrits au secondaire, d'autres, au cégep. C'est une exigence et ne pas suivre les règles peut entraîner des sanctions, comme être suspendu ou interdit de jouer. L'encadrement a complètement changé. Même si la LHJMQ est la voie royale pour atteindre la LNH, faire ses études est la seule façon d'avoir un plan B.

Pendant toute ma carrière professionnelle, je me disais: « Il me manque quelque chose. S'il m'arrive une blessure ou un problème de santé qui ne me permet plus de jouer, j'aurai trop de rattrapage scolaire à faire, je devrai recommencer l'école… » C'était risqué, j'en étais conscient, mais l'école n'était pas pour moi à ce moment-là, je n'étais pas ouvert d'esprit, j'avais une seule motivation: jouer au hockey.

Lorsque Georges Saint-Pierre m'a mis au défi de suivre le programme ChallengeU, j'étais tellement content de savoir qu'il existait quelque chose pour aider les jeunes que je me suis lancé sans hésiter et j'ai décidé de finir mes études secondaires. Ça n'a pas été facile, mais j'adore les défis. Je me suis poussé à fond et j'ai eu de bonnes notes qui m'ont rendu fier, d'autant que le dernier examen a eu lieu le jour de mes 40 ans. C'était très symbolique, comme un beau cadeau de la vie.

Beaucoup de monde m'en parle aujourd'hui, mes filles sont fières de leur père et ça me touche parce que je veux être un exemple… Depuis que j'ai terminé mon secondaire, je veux être une personne crédible, un exemple, et dire aux jeunes qui traversent des périodes difficiles, comme l'adolescence, ou qui ont des difficultés ou des questions face à l'école, de ne surtout pas lâcher!

[Propos recueillis par l'éditeur]

→ JEAN-PIERRE LÉGER

Né à Montréal, Jean-Pierre Léger a grandi dans les cuisines de St-Hubert BarBQ, restaurant fondé en 1951 par ses parents, Hélène Robillard et René Léger. En 1991, il leur succède et partage les rênes de l'entreprise avec sa sœur Claire. Homme d'affaires visionnaire, il a investi temps et énergie dans le développement de l'industrie de la restauration familiale et de celle de l'alimentation au Québec, tout en présidant la destinée du Groupe St-Hubert, dont plusieurs actifs (les Rôtisseries St-Hubert et deux usines de transformation) ont été vendus en 2016.

Aujourd'hui retraité, il s'implique dans la communauté à titre de vice-président de la Fondation Claire et Jean-Pierre Léger, dont la mission est d'appuyer les organismes et projets qui exercent une action directe auprès des individus, dans le but d'assurer leur dignité et leur épanouissement.

PARCE QUE VOUS ACCROCHER EST DANS VOTRE INTÉRÊT

JEAN-PIERRE LÉGER

À D^{re} Jeannine Guindon,
« psychoéducatrice de l'espoir »,
grâce à laquelle j'ai évité
de décrocher…

Lorsqu'on m'a proposé de participer à ce livre, j'ai tout de suite pensé à l'importance d'aider ces jeunes garçons qui en arrachent dans le système scolaire. Je n'oublie jamais combien j'en ai moi-même arraché en classe. J'étais tout le temps triste. Je ne progressais pas bien. Je me sentais différent des autres. On disait de moi que j'étais toujours dans la lune. Croyait-on que je choisissais d'être dans la lune, que je préférais ça ? Me croyait-on sot ou têtu ?

Peu de gens ont perçu combien j'aurais préféré m'appliquer avec succès et satisfaction à l'étude. Je suis d'avis que nous sommes faits pour apprendre, nous développer, pour aimer et être aimés, puis aider et être aidés. Quand un jeune échoue, c'est peut-être qu'un obstacle empêche son progrès, et cela, même s'il est doué et de bonne volonté.

J'accepte donc, sans hésitation, d'écrire ce qui suit sur mon parcours à l'école, et sur ce qui m'a aidé ou pas. Je suis un rêveur impénitent, âgé de 73 ans, qui connaît ce que plusieurs appellent « une belle réussite » en dépit des séquelles que m'a laissées mon parcours scolaire. Malgré mes difficultés, terminer mes études secondaires s'est révélé essentiel et m'a permis d'accéder au milieu de travail qui me passionnait.

Vous accrocher est dans votre intérêt.

PREMIÈRES ANNÉES

J'étais en première année quand, en 1951, mes parents ont ouvert leur première rôtisserie, le St-Hubert BarBQ, à une époque où peu de francophones au Québec réussissaient dans les affaires. Ça prenait tout leur temps. Ils valorisaient la qualité et l'innovation pour leur jeune entreprise et ils se sont vite démarqués de la compétition. Dès 1952, ils offraient un service de livraison à domicile gratuit : une première au Canada ! La réussite semblait possible.

Ma sœur, mon aînée de deux ans, réussissait bien en classe. Hélas, moi, j'ai échoué en troisième année. Je l'ai recommencée. À l'examen final, on m'a installé seul dans une salle et une religieuse est venue s'asseoir à mes côtés. Je ne savais pas les réponses aux questions d'examen. Je me demandais bien comment les autres faisaient. Alors, la religieuse m'a soufflé les réponses…

Imaginez un peu ! À cette école, à chaque rentrée scolaire, les religieuses accrochaient, à un fil tendu au plafond, un petit jockey sur son cheval. Chaque élève avait le sien. Au jour un, toutes les queues étaient collées au mur du fond de la classe. Au rythme des progrès scolaires de chacun, les chevaux avançaient vers le mur opposé. Il y avait un jockey dont le cheval restait au fond toute l'année : le mien. J'avais l'estime de soi dans les talons. Quand les sœurs m'encourageaient à me dépasser, je bloquais davantage. Alors, elles optaient pour une punition : elles me privaient de sorties le dimanche, en famille. J'ai perdu le goût de communiquer.

Par chance, j'étais un gars robuste et je ne sourcillais jamais devant les dures besognes. Quand un enfant était malade, j'étais à moi tout seul la « brigade nettoyage » : les sœurs m'appelaient et j'enlevais toute trace de dégâts, sans même une nausée, pour que le petit malade n'ait pas de gêne. J'étais fier et content d'aider.

Malgré mon examen de troisième « réussi », les sœurs ont dû avouer à mes parents qu'elles ne pouvaient plus rien pour moi. Elles m'ont référé en psychologie et il m'a fallu changer d'école.

LES PLUS BELLES ANNÉES

Surprise ! Les tests psychologiques ont révélé que j'avais toute l'intelligence nécessaire pour réussir.

J'ai donc été un des 22 chanceux admis en 1954 au pensionnat du Centre d'orientation à Montréal, une institution dynamique associée depuis 1947 au Département de psychologie de l'Université de Montréal[5]. J'allais y vivre, pendant trois ans, mes plus belles années d'école.

Au Centre, j'ai bénéficié de l'aide quotidienne de psychoéducateurs, une profession en plein essor fondée par une pionnière, la Dre Jeannine Guindon. J'y ai reçu aussi le soutien d'un psychologue, que je rencontrais une fois par semaine. Je n'étais plus seul : les 21 autres élèves, malgré leur grand potentiel, avaient tous souffert sur les bancs d'école de difficultés scolaires et d'incompréhension.

---

5 LEDUC, Marie-Paule, *Ces enfants qui m'ont tant appris*, Montréal, Éditions Sciences et Culture, 2003.

Les professionnels du Centre étaient chaleureux, passionnés de réadaptation, et aimaient apprendre des élèves. Ils s'intéressaient sincèrement à mes difficultés d'apprentissage, qui, honteuses à mes yeux, devenaient un sujet d'étude pour eux.

Eux savaient que les autres élèves et moi avions les capacités requises pour apprendre, même si nous n'en étions pas vraiment conscients. Pour ma part, j'ai reçu l'annonce de mon quotient intellectuel élevé comme un prix de consolation.

Au Centre, les psychoéducateurs et autres intervenants n'avaient pas recours facilement aux compliments et aux punitions, qui, vu nos problèmes d'estime de soi, nous auraient atteints surtout dans nos fragilités. À mes yeux, les encouragements répétés, les compliments, puis les punitions créaient de la confusion : j'en perdais mes moyens. Au contraire, au Centre, on sollicitait préférablement nos capacités, suscitant ainsi des expériences positives, jour après jour. Il s'agissait de réduire l'emprise des nos difficultés sur nous-mêmes et sur les autres, tout en développant nos forces et nos compétences. Sans m'en rendre compte, j'allais mieux et j'étais plus confiant.

Pour les matières de base, on me proposait de ne plus m'arrêter aux seules notes. On pensait à revisiter ma démarche, mes efforts et le chemin parcouru. Et ces matières ne prenaient pas toute la place : un après-midi, on m'a fait écouter *La Moldau,* un poème symphonique du compositeur Bedřich Smetana. Je me souviens de mon émerveillement et du plaisir nouveau ressenti. Une autre fois, c'était la *Sixième symphonie*, dite Pastorale, de Beethoven. La musique classique entrait dans ma vie pour l'enrichir et pour me soutenir au besoin.

J'allais à l'atelier de menuiserie, où on me fournissait une planche de bois sur laquelle était dessiné un poisson. On me donnait une petite scie et je m'appliquais à découper le patron dans le bois pour emporter le poisson. À mon insu, je travaillais ma capacité à me concentrer: elle s'améliorait à mesure que les patrons se complexifiaient et devenaient plus attrayants.

L'activité sportive était encouragée. Je me sentais imbattable «au jeu du drapeau», au ballon poteau et au ballon poire. J'y trouvais une source intarissable de fierté. Avec les années, les plus jeunes se sont plaints de n'avoir jamais le ballon. Une fois, un professeur, grand, au physique athlétique, est venu jouer avec moi au ballon poteau: je l'ai battu! Alors, il m'a pris par les épaules et on a marché: c'est alors qu'il m'a suggéré de laisser le ballon plus souvent aux nouveaux. J'ai accepté en toute générosité, du sommet de «ma gloire», et en toute complicité avec ce grand gaillard. Ma quête effrénée de reconnaissance au ballon a diminué, au grand soulagement de tous. Des années plus tard, je repense encore à cet incident: le professeur s'était laissé battre, évidemment! Par son intervention, il m'avait évité l'humiliation d'une défaite ou d'un retrait punitif du jeu. En plus, grâce à lui, j'avais pressenti le plaisir du «gagnant-gagnant». Dans la vie, dans les affaires et dans les relations interpersonnelles, la stratégie dite «gagnant-gagnant» est très précieuse.

S'ACCROCHER COÛTE QUE COÛTE...

L'approche scolaire au Centre était personnalisée et très respectueuse. Elle s'adaptait aux besoins particuliers des élèves. J'ai développé un sentiment d'appartenance au Centre et au groupe. Je pouvais apprendre de mes erreurs parmi eux, sans me braquer.

Ça m'a permis de compléter mon parcours scolaire, jusqu'à obtenir mon diplôme d'études secondaires. Ç'a changé ma vie. J'en suis bien reconnaissant.

De la septième année au préuniversitaire, j'ai fréquenté différentes écoles. Je n'étais plus pensionnaire. Le programme scolaire était le même pour tous. On n'accommodait guère mes besoins particuliers d'apprentissage scolaire.

J'étais bien moins encadré qu'au Centre, j'avais peu de plaisir et j'ai doublé la neuvième année. Cet échec a été pénible, mais pas cuisant comme en troisième. Mon estime de moi-même a tenu bien mieux le coup. Je rêvais d'un avenir meilleur, plaisant, et je n'allais pas décrocher.

Je prenais des initiatives heureuses pour m'intégrer à l'école. Par exemple, j'ai demandé à une belle étudiante si elle accepterait de participer au concours « Miss Beauté » de notre école, j'ai pris de belles photos d'elle et les ai placées aux endroits stratégiques. Elle a gagné le concours.

TOUT COMME OBÉLIX TOMBÉ DANS LA MARMITE

J'avais 20 ans en 1966 quand j'ai commencé à travailler chez St-Hubert. J'y ai occupé, tour à tour, différents postes : j'ai été plongeur, j'ai fait les frites et fait rôtir le poulet, j'ai été gérant... À la maison, ma sœur et moi écoutions nos parents discuter pendant de longues heures de restauration et d'affaires : nous apprenions ainsi. L'entreprise s'est beaucoup développée, puis a connu une période très sombre en 1991. J'avais 45 ans et je me révélais être le défenseur passionné et imparable de St-Hubert, notre entreprise familiale. Ni mes parents ni moi n'avions oublié l'époque de mes difficultés scolaires. Toutefois, je suis devenu, avec le soutien de ma sœur, le président-directeur général des rôtisseries St-Hubert afin d'entreprendre avec ténacité un important redressement de l'entreprise qui allait nous occuper pour les dix années suivantes. Et le redressement a réussi.

Nous asseoir sur nos lauriers était à proscrire pour toujours. Pour nos clients, avec mon équipe et l'apport indispensable de nos franchisés, l'entreprise devait constamment se distinguer.

Comme président du conseil d'administration du Groupe St-Hubert inc. , je devais bien m'entourer et être très créatif: terrasses et coins pour enfants, St-Hubert Express, poulet refroidi à l'air pour diminuer les risques de contamination, environnement sans fumée en 2005, avant la loi antitabac, avancées technologiques de pointe, emballages recyclables et biodégradables et abandon de la styromousse, bornes de recharge pour voitures électriques des clients et flotte de voitures électriques pour la livraison. Aussi, nous croyions aux entreprises socialement responsables: nous nous sommes donc engagés de façon durable en philanthropie, dans les secteurs de la santé et de la famille. Au fil de mes années de travail, je n'ai cessé d'apprendre par l'expérience. Les belles choses que j'ai accomplies avec mon équipe sont à mes yeux mes véritables diplômes.

QUELQUES CONSEILS D'UN HYPERACTIF

Entre-temps, mon petit-fils a reçu un diagnostic de TDAH. Je crois en reconnaître aussi en moi les symptômes. Je m'implique depuis activement afin que les troubles d'apprentissage puissent être diagnostiqués tôt chez les enfants et pour que les écoles offrent des programmes adaptés et inclusifs.

L'élève qui a des difficultés à apprendre en classe ne l'a généralement pas choisi ni souhaité. Il est probable que des obstacles l'empêchent d'apprendre, tels un ou des troubles d'apprentissage.

Les difficultés à apprendre peuvent entraîner des échecs scolaires, le décrochage, des souffrances psychologiques et des tensions dans les relations interpersonnelles, autant de conséquences déplorables que l'on peut prévenir en partie.

Ce qui aide est le dépistage précoce des obstacles à la réussite scolaire, et l'accès pour tous à un programme scolaire adapté et inclusif.

Les connaissances sur ces difficultés d'apprentissage chez l'enfant et l'adulte avancent. Les interventions thérapeutiques se précisent. Cependant, la formation et le soutien des professeurs, par la présence de psychoéducateurs ou autres professionnels, et de l'étudiant, grâce à des tuteurs, tardent à se réaliser.

Notre gouvernement provincial propose actuellement de favoriser l'épanouissement des jeunes et d'agir pour dépister les troubles d'apprentissage et contrer le décrochage scolaire. C'est prometteur.

Plusieurs associations défendent la cause des enfants présentant des troubles d'apprentissage. Osez les consulter.

Vous accrocher avec ténacité, au moins jusqu'à l'obtention de votre diplôme d'études secondaires, est dans votre intérêt.

→ DR STANLEY VOLLANT

Né en 1965, le Dr Stanley Vollant est le premier Autochtone diplômé en chirurgie générale au Québec. En 1996, il a reçu la distinction Personnage modèle autochtone du Gouverneur général du Canada. Chirurgien, professeur et conférencier, il entreprend en 2010 la marche *Innu Meshkenu* («Mon chemin innu») – de quelque 6 000 kilomètres à travers le Labrador, le Québec et l'Ontario – qui avait pour objectifs de rassembler les peuples, de promouvoir la découverte du territoire et les enseignements des Premières Nations et d'encourager les jeunes Autochtones à poursuivre leurs rêves.

EKA TA PESHTELEM

DR STANLEY VOLLANT

« Parler sauvage à l'école, c'est défendu, vous parlerez en sauvages à la maison ! » C'est ce que m'ont dit mes premiers professeurs. Mon premier contact avec l'école a été brutal.

À l'école primaire de mon village, à Pessamit, une communauté autochtone de la Côte-Nord, on m'interdisait de parler ma langue maternelle : l'innu.

L'école, je ne voulais pas y aller. À quelques reprises, j'ai fait semblant d'avoir de la fièvre pour rester à la maison. Je n'avais pas prévu les ruses de ma grand-mère…

Dans la médecine traditionnelle autochtone, on utilise les glandes du castor pour guérir toutes sortes de maladies, dont les grippes hivernales. On appelle ça *uishenau* dans ma langue. Ça sent le diable, ça goûte le diable… mais ça marche.

C'est ainsi que, chaque fois que j'essayais de me faire passer pour malade afin de manquer l'école, ma grand-mère disait : « Stanley, va chercher le *uishenau* dans le sous-sol ! » J'avais le choix entre la potion infecte ou me résigner à aller à l'école. Alors je choisissais la deuxième option. Pour mes grands-parents, rien n'était plus important que l'instruction et je vais te raconter pourquoi. Mais avant, je dois reculer un peu dans le temps.

Je suis un Innu et j'ai grandi à Pessamit, un village près de Baie-Comeau. Mais je suis né à Québec, dans un orphelinat du quartier Montcalm, tout près de la côte Saint-Sacrement.

À l'époque, plusieurs mères monoparentales autochtones – comme la mienne, Clarisse – étaient à peu près forcées de donner leurs enfants en adoption pour qu'ils soient élevés dans de « bonnes familles blanches catholiques ». Je devais être adopté quelques jours après ma naissance. Je me demande parfois qui je serais devenu sans l'élan du cœur incroyable de mes grands-parents.

Mon grand-père, Xavier, était trappeur. Il a demandé une avance à la Compagnie de la Baie d'Hudson, à qui il vendait ses fourrures de castor, de loutre et de tous les autres merveilleux animaux de notre territoire. Grand-père Xavier a ainsi réussi à rassembler assez d'argent afin de prendre l'avion de Baie-Comeau à Québec, pour venir me chercher avant que je ne sois confié à une autre famille.

Mes grands-parents m'ont élevé comme leur propre fils, dans ma langue et ma culture. Mes tantes et mes oncles étaient comme mes sœurs et mes frères. On n'était vraiment pas riches, en fait on était pas mal pauvres, mais je n'ai jamais manqué de nourriture ni d'amour. Toute la vie était organisée en fonction de la chasse et de la pêche. J'ai eu la chance de connaître le mode de vie traditionnel de mon peuple. Mais cet héritage était en péril…

Mes grands-parents voulaient que je m'éduque pour que je ne sois pas traité comme un citoyen inférieur dans le monde des Blancs. Les barrages d'Hydro-Québec, construits sur les grandes rivières près de mon village, ont détruit la nature et le mode de vie qui avait assuré notre survie et notre fierté depuis des générations.

Grand-père Xavier m'en parlait avec un mélange de colère et de honte. La honte d'un peuple qui n'avait pas eu la chance de fréquenter les mêmes écoles que les avocats des grandes compagnies qui exploitaient notre territoire sans nous donner notre juste part. Sans éducation, mon grand-père savait que les jeunes de ma génération ne pourraient pas se battre pour nos droits à armes égales. « Stanley, mon fils, tu vas apprendre leur langue, leurs lois et leur science pour nous défendre », me disait-il.

Mon grand-père avait fréquenté l'école une seule demi-journée. Juste assez longtemps pour apprendre à signer son nom, d'un simple X. Ma grand-mère était dix fois plus instruite que lui… elle était allée à l'école toute une semaine !

Encouragé, voire forcé par les potions puantes, j'ai continué l'école, même si ce n'était pas facile. L'école représentait pour nous, Autochtones, une menace en même temps qu'un espoir. Ma mère, Clarisse, a fréquenté, comme la plupart des enfants et des adolescents de sa génération, des pensionnats mis en place par l'Église et le gouvernement.

Comme tant d'autres jeunes Autochtones, elle y a été battue et agressée sexuellement. Des sévices qui ont abîmé son âme pour toute sa vie et l'ont empêchée de réaliser son plein potentiel. Comment avoir le goût d'aller à l'école quand, pour nous, école égalait violence et racisme ?

Malgré ce qu'elle avait subi, ma mère voulait aller à l'université. Elle était très brillante d'ailleurs, mais à l'époque, les Autochtones devaient renoncer à leur statut d'Indien et s'affranchir de leur communauté pour accéder aux études universitaires. C'était injuste comme ça.

À 12 ans, je suis parti de mon village pour la grande ville : Québec. Ou plus précisément Wendake, le village huron au cœur de la Vieille Capitale, où j'ai logé chez une famille d'accueil. La vie et l'école à Québec étaient encore plus difficiles pour moi. Je n'étais pas habillé comme les autres, j'étais pauvre et un peu perdu. Le simple fait de parler français, ma deuxième langue, était un défi. J'en arrachais, particulièrement dans mes cours de français.

De jeunes Blancs me traitaient parfois de « sauvage », de *kawish*, ils disaient que nous, les Autochtones, étions moins intelligents, « bons à rien », et que j'allais sûrement finir chômeur. Ces insultes sont devenues pour moi une motivation à exceller à l'école.

Un peu en réaction au racisme que j'ai vécu et aux injustices commises contre ma communauté, j'ai d'abord voulu devenir ingénieur pour construire des barrages hydroélectriques et ainsi... aller inonder le territoire des Blancs ! Tu connais l'expression « La vengeance est douce au cœur de l'Indien » ? Bien, c'est ça...

Je suis retourné à Pessamit l'été de mes 17 ou 18 ans. Comme tous les soirs d'été, je faisais le tour de mon village avec mes chums pour tenter de rencontrer des belles filles. Alors que je passais près du bar, l'ivrogne de la place m'a crié très fort : « Stanley, viens icitte ! » Poliment, je me suis approché. Tout en me postillonnant dans le visage, il m'a dit :

— Paraît que t'es bon à l'école, je suis tellement fier que tu vas devenir médecin !

Cette idée ne m'avait jamais traversé l'esprit. Mais comme j'avais beaucoup plus envie de retourner voir mes amis que de contredire l'homme qui avait trop bu de bière, j'ai dit :

— Oui, oui, c'est ça, Philippe.

— On est tellement fiers de toi, m'a-t-il répondu, tu vas être le premier médecin de la communauté et en plus tu vas pouvoir nous soigner dans notre langue.

J'ai pris congé de l'ivrogne (qui a d'ailleurs arrêté de boire depuis ce temps, bravo !) et je suis retourné voir ma gang. Tous mes amis se sont écroulés de rire quand je leur ai fait le récit de notre conversation: « Médecin ? Toi ? T'as peur du sang pis des morts ! »

C'était bien vrai. Mais cette vision, même venant d'un homme complètement soûl, a fait son chemin en moi. Après le cégep, j'ai fait une demande d'admission en médecine. Or, même avec mes bonnes notes, je n'avais pas tous les prérequis.

Le vice-doyen aux admissions de l'Université de Montréal, le Dr Rivest, a pris le temps d'examiner la lettre de recommandation du chef de mon village, qui plaidait en ma faveur. Le Dr Rivest a décidé de me faire une place en médecine parce qu'il jugeait que ce serait bon d'admettre un étudiant autochtone. Comme plusieurs anges qui sont passés dans ma vie, il a pris une décision qui allait changer beaucoup plus que mon existence à moi.

Comme l'avaient anticipé mes amis qui se moquaient de moi et de ma peur du sang, j'ai perdu connaissance au premier cours où je devais disséquer un cadavre. J'ai vraiment failli lâcher, à ce moment-là et à quelques autres occasions pendant les 10 années où j'ai suivi le programme de médecine, puis ma spécialité en chirurgie.

Chaque fois que ça m'est arrivé, j'ai dû puiser de la force et du courage en moi pour surmonter cette envie de tout abandonner. J'en ai trouvé plus que je croyais en avoir.

J'ai eu besoin de cette même force plus tard, dans la quarantaine, quand j'ai sombré dans une dépression sévère. Je suis allé si loin dans la noirceur que je me suis presque enlevé la vie. C'est un ami qui m'a tendu la main et qui m'a permis de me raccrocher à l'espoir.

Cet espoir, j'ai voulu le partager avec les miens. C'est ainsi que j'ai commencé à parcourir le Québec à pied, allant d'une communauté autochtone à l'autre. J'ai marché plus de 6 000 km en quelques années, ce qui m'a permis de rencontrer plus de

12 000 jeunes, qui m'ont fait le cadeau de partager leurs rêves avec moi.

Xavier, mon grand-père, avait un grand rêve pour moi : que je réussisse mes études. C'est devenu peu à peu mon rêve et je l'ai réalisé. Je travaille maintenant comme chirurgien à l'hôpital Notre-Dame. J'ai trois filles et un fils, qui s'appelle Xavier… comme mon grand-père. C'est pour lui et pour les autres jeunes garçons de ma communauté en particulier que la réussite scolaire au masculin me tient à cœur.

Mes longues années d'études m'ont permis d'accéder à une profession que j'aime, de bien gagner ma vie et de ne jamais être considéré comme un citoyen de deuxième classe, comme ma famille en a eu le sentiment.

J'ai surtout l'occasion de soigner des centaines de personnes par année et de contribuer à la société québécoise. Quand je repense à mon enfance et à ces professeurs qui me disaient d'arrêter de parler « en sauvage » et me faisaient sentir que l'école n'était pas faite pour moi… je me venge doucement en faisant du bien. Et je suis bien fier de moi. Je te souhaite de tout cœur de l'être aussi, peu importe ton chemin.

Eka ta peshtelem[6]

---

6 « Ne te décourage jamais », en innu (traduction libre).

pour 3 points

→ FABRICE VIL

Fabrice Vil est fondateur et président de Pour 3 Points, un organisme qui forme les entraîneurs afin qu'ils jouent également le rôle de coach de vie auprès des jeunes sportifs en milieux défavorisés. Coach certifié en développement intégral auprès de Convivium/New Ventures West, Fabrice est également entraîneur de basketball depuis 2001 et a été avocat en litige civil et commercial de 2007 à 2013, chez Langlois Kronström Desjardins (maintenant Langlois). Il est membre de l'Ordre de l'excellence en éducation ainsi que de Fellow Ashoka, un réseau regroupant les meilleurs entrepreneurs sociaux à travers le monde. Il intervient dans les médias, notamment sur les ondes de Vrak et de Radio-Canada et dans *La Presse+*.

POSTFACE

LIBÈRE TON POTENTIEL

FABRICE VIL

Les ados qui détestent les livres sont nombreux. C'est donc bizarre que ce soit dans un livre, justement, que j'aie décidé de diffuser le message qui suit. Plein de gars qui préfèrent leur ordi, leur téléphone ou le terrain de soccer ne liront jamais ce qui suit.

Mais si, toi, tu lis ces lignes, c'est que tu as fait le choix de prendre *Lâchez pas, les gars!* entre tes mains. De l'ouvrir. De parcourir ses pages. Jusqu'à celle-ci. Ça m'impressionne, parce que c'est un signe des efforts que tu es prêt à faire pour assurer ta propre réussite. Bravo, tu es sur la bonne voie!

Je veux être honnête avec toi. Je n'ai jamais vraiment eu de misère à l'école. Mes dix doigts sont suffisants pour compter le nombre de fois où j'ai coulé un examen. Je n'ai pas doublé d'année, et n'ai même jamais eu peur que ça m'arrive.

Il faut que tu le saches, parce que si je te donnais l'impression d'avoir connu des difficultés scolaires importantes, ce serait de la *bullshit*.

J'ai tout de même quelque chose à partager avec toi.

JE CROIS EN TON POTENTIEL

Mais avant, il faut aussi que je te dise que j'ai 34 ans. J'ai donc joué au premier Nintendo, celui avec la manette rectangulaire à deux boutons. Je suis de la génération qui adore 2Pac, Dre et

Biggie, et qui essaie de se rajeunir en écoutant Kendrick. Mais je connais à peine Cardi B. Mon âge me trahit.

Je suis *old school*. Mais je m'imagine quand même que je comprends un peu ce que c'est, être ado. Je suis devenu entraîneur de basket au secondaire, quand j'avais 16 ans. Puis moniteur de camp de vacances. En 2011, j'ai fondé Pour 3 Points, un organisme qui vise la réussite des gars et des filles de 12 à 18 ans. Et deux ans plus tard, alors que j'étais avocat dans un grand bureau montréalais, j'ai quitté cet emploi pour me consacrer à temps plein à Pour 3 Points. Parce que je voulais faire tout mon possible pour qu'un maximum de jeunes réussissent.

Des ados qui doutent de leur potentiel, j'en ai vu plein dans ma vie.

Des gars qui adorent passer du temps dans les gymnases, mais qui s'ennuient à mourir dans les salles de classe. Parce que l'école essaie de leur apprendre des choses qui ne servent à rien. « À quoi ça sert, l'algèbre ? »

D'autres qui ont des difficultés à comprendre les matières. Ils sont écœurés d'échouer. Et ils ont l'impression que leurs parents et leurs profs pensent qu'ils sont incapables. Leurs amis les niaisent parfois, aussi. Ils deviennent donc convaincus qu'ils sont « poches », surtout s'ils sont dans des classes d'adaptation scolaire. Donc ils continuent à échouer, encore et encore et encore.

Certains sont constamment en retenue ou en suspension. Ceux-là, ils veulent juste avoir du plaisir, ils ne veulent pas faire de mal à personne. Ils trouvent que les punitions sont connes, la plupart du temps. Et que les adultes qui les punissent ne les comprennent pas.

Puis il y a les immigrants, ou ceux dont les parents sont immigrants, comme mon père et ma mère, qui viennent de Ganthier et de Port-au-Prince, en Haïti. Il y a aussi les « Africains » ou les

« Arabes », par exemple. Ils trouvent que les profs « québécois » ne comprennent rien à leur réalité, à leur langue, à leur culture, à leur situation familiale, aux obstacles particuliers qu'ils doivent surmonter. C'est décourageant.

Enfin, il y en a qui ont besoin d'argent le plus tôt possible. C'est possible de faire de l'argent tout de suite. Avec un emploi ou dans la *street*. L'école est donc une perte de temps.

Il y a des gars qui vivent toutes ces situations à la fois, et d'autres encore. Toi-même, peut-être que tu te reconnais là-dedans.

Tous ces gars ont en commun une chose : ils sont bourrés de talents et sont capables d'obtenir leur diplôme d'études secondaires, mais, la plupart du temps, ils ne s'en rendent pas compte eux-mêmes parce que l'école, c'est vraiment dur.

Il est possible que toi et moi, on ne se rencontre jamais. Mais ce n'est pas grave. Comme pour tous les jeunes que j'ai côtoyés, je crois en toi, en tes capacités. C'est pour ça que j'ai accepté de participer à la rédaction de ce chapitre. Je t'invite donc à continuer à lire, en espérant que ça en vaudra la peine pour toi.

DES MENTORS PEUVENT T'INSPIRER

Même si j'ai toujours été à l'aise sur le plan scolaire, la vie à l'école n'a pas toujours été facile pour moi. J'ai eu ma poussée de croissance seulement en cinquième secondaire. Jusque-là, j'étais donc toujours parmi les plus petits élèves de mon année. Pendant plusieurs années, j'ai porté des lunettes rondes, comme celles de Harry Potter. Beaucoup de points en moins dans l'échelle de la popularité.

Puis, au basket, certains de mes coéquipiers ont atteint les plus hauts niveaux. Pierre-Marie, l'un d'entre eux, a été désigné comme un joueur potentiel de la NBA. Un autre, Maxime, a joué au Collège Davidson avec Stephen Curry. Je voudrais affirmer qu'au secondaire j'ai joué dans leur équipe. Techniquement, c'est vrai. Mais en fait, eux jouaient. Moi, durant les matchs, je réchauffais le banc.

C'était assez pour que je manque cruellement de confiance en moi. Pour que je me laisse intimider durant les récréations. Pour être terrorisé quand, durant les matchs, on me donnait quelques minutes de temps de jeu. Je craignais de faire un *air ball* ou de donner le ballon à l'autre équipe.

J'ai souvent douté de ma valeur. Envahi de tristesse, de frustration et de désespoir lorsque je ne me trouvais «pas bon», «incapable», «pourri». À vrai dire, ça m'arrive encore aujourd'hui par moments. Comment apprendre à vivre différemment avec toutes ces pensées et émotions qui nous habitent?

La question est complexe et elle pourrait avoir de nombreuses réponses. Aujourd'hui, je pratique des activités comme le yoga et la méditation. J'ai un coach personnel, aussi. Un professionnel qui m'aide à réfléchir à la manière dont je vis mes enjeux. Ça pourrait être un psychologue, aussi.

Plus simplement, durant l'adolescence, ce sont mes entraîneurs qui ont été pour moi des confidents, des mentors. Je me souviens encore de toutes les fois où ils m'ont encouragé à lancer au panier malgré mes hésitations: «Allez, t'es capable!»

Quelques paroles dont la magie suscitait chez moi du courage.

Que tu fasses du sport ou non, il existe probablement au moins un adulte dans ton entourage à qui tu peux faire part des difficultés que tu vis. Quelqu'un qui sera à l'écoute, qui te permettra d'y voir clair. Ça pourrait être tes parents, mais aussi un entraîneur, un prof ou encore un des surveillants. Si tu ne trouves pas cette personne immédiatement, je te suggère de prendre le temps d'y réfléchir. De noter sur une feuille la question suivante: «Qui sont les adultes autour de moi à qui je me sentirais à l'aise de me confier?»

Mes entraîneurs ont beau avoir contribué à ce que je devienne plus courageux, à ce que je développe mon leadership et ma persévérance, jamais je n'aurais prévu en tant qu'ado à quoi ressemblerait ma vie d'aujourd'hui.

À l'âge de 15 ans, ni moi ni personne n'aurait imaginé qu'un jour je ferais le choix de quitter un emploi d'avocat pour m'occuper d'un organisme à but non lucratif au service de milliers de jeunes. Que je présenterais des conférences au Québec, en Ontario et aux États-Unis au sujet de mon travail. Que j'écrirais des textes d'opinion dans *La Presse* sur des enjeux de société. Que je serais collaborateur à des émissions de télé à VRAK, à Radio-Canada et à Télé-Québec. Que je recevrais des prix du gouvernement du Québec pour mes réussites. Que je rencontrerais un jour Barack et Michelle Obama.

Tout cela est bel et bien arrivé !

Ma vie professionnelle sort de l'ordinaire. Pourtant, je n'ai pas de pouvoir surnaturel. J'ai simplement décidé que je mettrais mes passions et mes talents au service de la société.

« *Everyone has the ability to make history by walking through life with intention and aligning their passion and talents in pursuit of purpose and meaning*[7]. »

Cette phrase marquante a été prononcée par Cheryl Dorsey, la présidente d'Echoing Green. Cette organisation soutient les entrepreneurs sociaux les plus prometteurs à travers le monde. J'ai rencontré Mme Dorsey en mai 2013. Deux mois plus tard, j'avais quitté la pratique du droit et je devenais un entrepreneur

---

7 « Tout le monde a la capacité de marquer l'Histoire en menant sa vie consciemment et en alignant ses passions et talents en quête d'un but et d'un sens profonds. » (Traduction libre)

social à temps plein. Son aide m'a permis de bâtir un organisme qui compte maintenant 18 employés, qui travaille en partenariat avec 14 écoles à Montréal et qui va un jour agir dans tout le Québec.

Pourquoi ai-je fait ce choix ?

J'avais initialement choisi de pratiquer le droit pour répondre à des motivations externes à ce que je souhaitais profondément. Avoir un bon salaire. Plaire à mes parents. Avoir un emploi respecté dans la société. Des considérations compréhensibles, mais qui n'avaient pas de lien avec mes véritables passions et talents.

En fondant Pour 3 Points en 2011, j'ai vite réalisé que j'étais passionné par ce projet, qui était à l'époque bénévole et ne me rapportait donc pas un sou, alors que mon emploi d'avocat me valait un bon chèque de paie, mais ne m'apportait pas une profonde satisfaction. Imagine comment ce fut un dilemme difficile à vivre !

Pendant deux ans, j'ai donc vécu une crise personnelle qui m'a forcé à remettre en question mon choix de carrière. C'est durant cette crise que j'ai réfléchi à mes besoins et à mes aspirations profondes.

Je savais déjà que j'avais des talents d'analyse et de rédaction, mis à profit dans mon travail comme avocat. Durant mes années de bénévolat et comme entraîneur, j'étais devenu conscient de mes aptitudes entrepreneuriales et de gestion de projet. L'introspection que j'ai menée m'a surtout conduit à constater que j'étais passionné par les jeunes, la lutte contre les inégalités et l'éducation. Me lancer dans l'aventure de Pour 3 Points était une idée terrifiante, mais c'était la seule option qui me semblait combiner mes talents et mes passions, qui donnait un sens à ma vie. Je n'ai jamais regretté ce choix, pas une seule seconde.

Je te raconte cette expérience parce que, comme adolescent, tu es aussi capable de réfléchir à ces questions. Tu as toi aussi des passions. Tu as toi aussi des talents. Tu es capable de marquer l'Histoire.

Il est possible que tu en doutes, et c'est normal. En général, l'éducation qu'on reçoit à la maison et à l'école ne nous encourage pas à devenir extraordinaires. Elle nous mène à répondre aux attentes que les autres ont par rapport à nous. À respecter le cadre. À aspirer au « métro, boulot, dodo ».

L'école étant fondée sur ce modèle, il est possible qu'elle n'ait plus de sens pour toi pour cette raison. C'est pourquoi je te propose d'explorer ta vie selon toutes les possibilités qu'elle peut offrir.

Pense aux moments où tu as été le plus fier de toi. Il s'agit peut-être d'un examen que tu as réussi. D'une performance musicale ou sportive. D'un moment où tu as aidé un ami ou un membre de ta famille. D'un projet auquel tu as participé dans ta communauté. Il peut s'agir de projets d'envergure, comme de réalisations plus modestes. Quels talents t'ont permis de réussir ? Peut-être découvriras-tu que tu sais chanter de façon magnifique ou que tu es bon pour cuisiner des desserts. Tous les talents sont valables !

Et tes passions, elles ? Il existe des moments ordinaires dans nos vies qui provoquent des réactions très fortes. Ces moments sont généralement des indicateurs de ce qui nous passionne. Je t'invite à te remémorer des moments ordinaires où tu as ressenti des émotions très fortes, comme de la joie, de la tristesse, de la colère, de l'indignation. Ça peut être la fois où tu as vu un reportage sur le gaspillage alimentaire. La rencontre que tu as faite d'un ami d'une autre origine que la tienne. Ces moments, s'ils ont généré des émotions fortes, dévoilent ce qui est important pour toi dans la vie.

En explorant ces talents et passions, peut-être seras-tu capable d'imaginer des emplois ou des projets qui les combinent, et qui pourraient te permettre de t'épanouir. Ou peut-être pas. Ce n'est pas grave. Ce sera au moins le début d'une réflexion !

LE DIPLÔME, UN PASSAGE (PRESQUE) OBLIGÉ

Il est aussi possible que, en effectuant cet exercice, tu réussisses à trouver un plus grand sens à ton parcours scolaire, que tu voies plus clairement le lien entre tes études et tes aspirations professionnelles. Au contraire, tu as peut-être de la difficulté à saisir la pertinence des études à ce stade-ci de ta vie. Et si tu n'as pas fait l'exercice, les lignes qui suivent peuvent tout de même t'aider.

En toute franchise, je dirais que, en théorie, une vie épanouie ne nécessite pas obligatoirement l'obtention d'un diplôme d'études secondaires. Par exemple, un adolescent ayant des qualités entrepreneuriales absolument exceptionnelles pourrait, sans diplôme, fonder une entreprise et générer assez de revenus pour vivre de façon décente. Des jeunes comme ça, par contre, je n'en ai rencontré aucun au Québec.

En réalité, un diplôme d'études secondaires est presque un passage obligé.

Le monde d'aujourd'hui est en constant changement. Les avancées technologiques, la mondialisation, les défis climatiques sont quelques-uns des enjeux auxquels tu ne pourras faire face sans cet outil principal : l'éducation. C'est elle qui te permettra de te préparer au monde de demain. En ce sens, l'obtention du diplôme d'études secondaires marque l'acquisition de notions de base.

Enfin, sur le plan économique, il existe un grand nombre d'emplois qui te seront inaccessibles si tu n'obtiens pas de diplôme. Peut-être qu'il est possible pour toi de trouver un emploi qui paie ton magasinage et ton cellulaire aujourd'hui. Mais je t'encourage à considérer le fait que, en vieillissant, tu risques d'avoir besoin d'un emploi plus payant. À ce sujet, il est démontré que, au cours d'une vie, les décrocheurs gagnent 450 000 $ de moins que les détenteurs d'un diplôme d'études secondaires.

Je m'en voudrais d'être moralisateur en te disant : « Hé, le jeune ! Finis ton secondaire ! » Comme tu as pu le constater, je crois que tu peux te permettre de rêver, de découvrir ce qui est extraordinaire chez toi, de défier les normes établies. Mais je crois aussi que les rêves, pour se réaliser, ont besoin d'outils concrets. Ton diplôme fait partie de ces outils.

→ CONCLUSION

LE PARENT DOIT AGIR COMME UN JARDINIER, PAS COMME UN MENUISIER...

FRANÇOIS CARDINAL

C'est l'une des premières questions que j'ai posées à la psychologue scolaire de fiston quand il avait à peu près 10 ans : « Est-ce que j'évoque mon difficile passage à l'école ? »

Habituellement, je prône la transparence en tant que parent. Je fuis le tabou, le non-dit. J'évite les secrets, sachant comment ils peuvent s'avérer dangereux à la longue.

Mais il y a transparence… et transparence.

Et si fiston prenait mon témoignage pour une validation de son propre parcours scolaire difficile ? S'il baissait les bras en se disant qu'il n'y a pas de lien entre la réussite à l'école et la réussite au travail ? S'il se disait qu'on peut avoir une belle carrière malgré un parcours scolaire peu édifiant et qu'il cessait de se forcer du jour au lendemain ?

C'est un peu comme le message envoyé par les Bill Gates de ce monde, milliardaires sans diplômes: pas besoin de scolarité pour s'enrichir!

On a déjà vu message plus constructif. On a vu, surtout, meilleure façon d'augmenter la motivation d'un jeune qui se demande à quoi sert l'école.

À la base, le problème qui afflige quantité de garçons à l'école en est un de motivation. Pas d'efforts ou de détermination, de mo-ti-va-tion.

Voilà le nœud du problème. Un problème tragique, quand on y pense.

Bien sûr, le manque de motivation est moins grave que la dysorthographie ou la dyslexie.

Mais le manque de motivation est néanmoins tragique, car on ignore souvent comment y répondre.

Il n'y a pas de pilule ou de plan d'intervention qui augmente la motivation comme par magie.

Quand on est poche en maths, on peut travailler plus fort et finir par s'améliorer.

Quand on n'aime pas les sciences, on peut se boucher le nez et apprendre la matière par cœur.

Mais on ne remédie pas au manque de motivation en travaillant plus fort, en multipliant le nombre d'heures passées avec un tuteur ou en visitant la technicienne en éducation spécialisée.

La motivation, on la trouve en soi… ou pas.

Donc, quand on n'en a pas, on fait quoi, au juste?

•••

Trop souvent, malheureusement, ceux qui n'ont pas eu de difficultés à l'école confondent le manque de motivation et le manque d'efforts.

Un garçon qui ne travaille pas est donc, à leurs yeux, un garçon paresseux. Point.

L'ancien cancre que je suis ne voit évidemment pas les choses de la même manière. Ayant été qualifié de «paresseux» pendant tout mon parcours scolaire alors que je suis aujourd'hui un infatigable travailleur, je peux vous dire que je n'ai jamais employé un tel mot avec mon fils. Jamais.

De toute façon, il est vaillant comme mille quand quelque chose l'intéresse. Il est bûcheur et volontaire... quand il est motivé.

Donc, comment le motiver, justement? Il faut lui donner le goût de l'école, dit-on, lui insuffler une bonne discipline de travail, le stimuler pour qu'il développe un intérêt pour les matières.

Vrai. Quand ils sont jeunes, on peut regarder par-dessus leur épaule. On peut leur pousser dans le dos. On peut même user de punitions et de récompenses afin de les inciter à travailler.

Mais plus ils grandissent, plus ça devient difficile. Et plus c'est difficile, plus ils se rapprochent du jour où ils risquent de décrocher.

C'est mon scénario cauchemar. Que fiston quitte l'école avant même de terminer le secondaire. Il a déjà exprimé cette intention, d'ailleurs, même si c'était à regret.

Quitter l'école à 16 ans. Simplement parce qu'il le peut et qu'aucune motivation ne l'y retient.

•••

Que fait un papa poule quand il voit son garçon se rapprocher dangereusement du décrochage scolaire alors que lui-même flirtait avec cette option au même âge ?

Il panique.

Et quand il panique, il fait tout ce qu'il ne faut pas faire : être sur le dos de fiston constamment, entrer dans sa chambre à tout bout de champ quand il dit faire ses devoirs, se fâcher au moindre manquement.

Bref, le papa poule tente de prendre le contrôle là où son fils semble l'avoir perdu.

Je sais bien que ce n'est pas la chose à faire avec un garçon de 15 ans. Je suis assez lucide pour ça. Mais c'est plus fort que moi.

Quand fiston était en deuxième secondaire, une enseignante avait bien vu ma panique et ses conséquences négatives. Elle m'avait alors conseillé de prendre un peu de recul, de retirer mes mains du volant et de laisser à mon fils le contrôle de sa vie.

S'il doit frapper un mur, eh bien, qu'il frappe un mur. « C'est parfois la seule façon d'apprendre », avait dit la prof, avec lucidité et bienveillance.

Surtout que « plus on en fait comme parent, moins ils en font comme élève », note avec justesse le psychologue Adam Price dans un excellent livre sur les difficultés des garçons à l'école[8].

Price a raison, comme l'ancienne enseignante de fiston, je le sais bien. Mais je suis, comme parent, incapable de lâcher prise. Car je suis terrorisé à l'idée que mon fils frappe un mur, justement.

---

8 PRICE, Adam, *He's Not Lazy: Empowering Your Son to Believe in Himself*, New York, Sterling, 2017.

Je suis terrorisé à l'idée qu'il échoue non pas à un, mais à deux cours. Et qu'il soit alors renvoyé de son excellente école, qu'il aime beaucoup par ailleurs. Il serait forcé de changer d'établissement, en étant persuadé qu'il est « poche » et qu'il est envoyé dans une école forcément poche.

Or, je ne vois pas comment, après une telle épreuve, il trouverait la motivation qu'il n'a su trouver avant.

Bien sûr, il est possible qu'il s'épanouisse dans un autre établissement, qu'il trouve sa voie autrement. Mais ma crainte de papa poule, c'est plutôt qu'on pousse plus rapidement vers la sortie un garçon qui se demandait justement s'il devait sortir du système. On prend le risque de fabriquer un décrocheur, autrement dit.

Et les parents le savent bien, l'inquiétude est toujours plus forte que l'espoir…

Si bien que, encore aujourd'hui, je suis sur le dos de mon fils, à son grand désarroi. Et au mien. Même s'il entame la quatrième secondaire. Même si je vois bien que mon « aide » ne l'aide pas vraiment.

•••

Pas facile, facile.

J'avoue trouver bien plus dur d'être le parent d'un enfant qui a de la difficulté, que d'avoir eu moi-même de la difficulté enfant.

Il y a l'impuissance. Il y a le désarroi. Il y a la crainte face à l'avenir d'un autre que soi.

Et il y a la honte, aussi. La honte du cancre, bien enfouie, qui ne nous quitte jamais vraiment, même après avoir réussi professionnellement.

Je le vois chaque fois que je suis appelé à aider mon fils en maths ou en science. J'en suis pratiquement incapable. Pas parce que la matière est trop difficile ou que les techniques pédagogiques ont changé, non.

Simplement parce que j'ai la même réaction aujourd'hui face à un devoir de première secondaire que quand j'étais en première secondaire. Une angoisse comme celle que je ressentais, jadis, à chaque examen. Avant de le couler. Systématiquement.

Je me demande même parfois si je n'aurais pas un TDAH non diagnostiqué. Mais non, ça doit simplement être cette douloureuse paralysie face aux devoirs, aux leçons et aux examens. Intacte, 30 ans plus tard.

Ce que Pennac appelle « la douleur de ne pas comprendre ».

•••

Mon problème, je le vois bien aujourd'hui, c'est que j'ai abordé l'éducation de fiston comme un défi personnel, avec un objectif clair : lui éviter un parcours scolaire aussi difficile que le mien.

Si je reprends les mots d'Alison Gopnik, professeure à l'Université de Californie à Berkeley et figure de proue de la psychologie de l'enfant, j'ai agi avec mon fils à la manière d'un menuisier : j'ai pris du bois brut et j'ai tenté de le travailler pour en faire un objet bien précis.

« Mon fils sera un bon élève, non pas un cancre comme moi. »

Le problème, c'est que le parent n'a pas les outils du menuisier pour « sculpter » son enfant. Il n'existe pas de mode d'emploi ou de formation. Il n'y a pas une bonne et une mauvaise façon de travailler.

Pour Gopnik, le parent ne doit donc pas se prendre pour un menuisier. Il doit plutôt agir comme un jardinier[9].

Le jardinier ne peut pas tirer sur les plantes. Il ne peut pas intervenir pour changer la couleur d'une fleur. Il ne peut pas se battre avec une fleur pour qu'elle grandisse comme lui voudrait la voir grandir.

Il plante plutôt des graines dans le sol, il leur donne de l'amour, de l'eau, du soleil. Il peut installer un tuteur, ajouter un peu d'engrais. En attendant que les plantes poussent, il intervient au besoin seulement. Tout en gardant en tête que, peu importe ce qu'il fait, certaines graines se transformeront en grandes plantes en santé et d'autres deviendront des plantes un peu croches, ou qui auront de la difficulté à pousser.

Voilà comment Gopnik perçoit la parentalité : on doit travailler la terre plutôt que la plante. Créer un terreau fertile à l'exploration, à l'adaptation, à la résilience, à la socialisation. Sans jamais tirer sur le plant ou le forcer à grandir de la manière qu'on le souhaite.

Ce dont l'enfant a besoin, c'est d'amour, d'attention, de soins… pas d'un parent contrôlant.

•••

C'est drôle, j'ai toujours eu l'impression que ma mère s'arrachait les cheveux à mon sujet. Qu'elle se disait, à elle-même et aux autres : « Est-ce qu'il va s'en sortir un jour ? »

Dans mon récit personnel, ma mère se tenait la tête à deux mains, interrogeait tout le monde pour trouver une solution, passait des soirées à se demander ce que j'allais devenir.

---

9 GOPNIK, Alison, *The Gardener and the Carpenter,* New York, Picador, 2017.

Puis j'ai parlé récemment au père François Paradis, qui dirigeait le pensionnat où j'ai fait mon cégep. En voilà un qui a souvent discuté de mes problèmes scolaires avec elle. Et vous savez ce qu'il m'a dit ? Qu'il y a une chose qui était claire aux yeux de ma mère aujourd'hui disparue, c'est que, peu importe mon cheminement et mes difficultés, j'allais m'en sortir.

Est-ce qu'elle disait la vérité à François Paradis ? J'ai tendance à le croire. Davantage que mon propre récit de petit garçon dont les souvenirs ont été tordus, par le temps ou de manière volontaire.

Pourquoi ? Parce qu'enfant, on retient ce qu'on veut. On se souvient des moments plus intenses. Il est bien possible que, comme garçon, j'aie gardé le souvenir d'une ou deux soirées où ma mère était particulièrement découragée, sans que ça ait été son attitude générale.

Il est aussi possible qu'elle m'ait davantage exprimé ses inquiétudes que son soutien et ses encouragements, comme le faisait si bien le père Paradis.

Je raconte tout ça, car une des leçons que je tire de ma paternité, c'est celle-ci : on envoie bien des signaux aux enfants, sans le savoir. Et surtout, sans savoir ce qu'ils en retiendront.

On s'en fait trop en essayant de tout contrôler. Et surtout, il est plus important de souligner les bons coups quand ils surviennent que de traquer les mauvais, ceux qui confirment les inquiétudes parentales.

Chaque pas en avant doit être souligné. Chaque mini-victoire doit être saluée. Et non, ce n'est pas vrai que chaque élément qui retrousse doit être signalé.

Il faut lire Gopnik pour se rappeler la manière dont les enfants apprennent, de toute façon : en imitant, en observant et en assimilant les messages qu'on leur transmet.

On peut remplir l'agenda des enfants, multiplier les activités, les cours de langues, de piano, le tutorat. On peut être sur leur dos en permanence, multiplier les punitions et les récompenses. Les études montrent que, à long terme, le gain est imperceptible.

On en vient à une conclusion difficile à avaler en cette ère de parents-rois : on ne peut pas tout faire. On ne peut pas tout contrôler. Et on n'est pas responsable de chaque difficulté, de chaque échec de son rejeton.

Les enfants ont leur personnalité, leurs forces et leurs faiblesses particulières. La preuve : des parents qui emploient la même technique avec trois enfants différents obtiendront… trois résultats fort différents.

On ne peut donc pas, à la lumière de ce fait, forcer les enfants à apprendre, à travailler, encore moins à être motivés, mais on peut leur donner un environnement leur permettant d'apprendre, à leur rythme. On peut les encourager, les stimuler, leur donner autant de tapes sur l'épaule que nécessaire.

Pour la petite histoire, j'ai fini par raconter à fiston mon passé scolaire, sans tabous ni retenue. Je lui ai raconté les difficultés, les embûches, la douleur.

Et il n'a pas conclu qu'il pouvait cesser de travailler, ou que la réussite n'avait rien à voir avec la scolarité. Il a accueilli mon témoignage avec ouverture et compassion. Précisément la chose que nous devons faire comme parent.

MIXTE
Papier issu de
sources responsables
FSC® C103567

PERMANENT

Ce livre est imprimé sur des matériaux issus de forêts
bien gérées certifiées FSC® et de matériaux recyclés.